HSU《ハッピー サイエンス ユニバーシティ》——その限りなき可能性

渡邉和哉・福井幸男 監修
HSU出版会 編

HSU出版会

まえがき

幸福の科学大学（仮称）は、いよいよ２０２１年の開学に向けてこの10月に設置認可の申請を行います。

これまで私たちはハッピー・サイエンス・ユニバーシティ（ＨＳＵ）という〝日本発の本格私学〟として、４年半にわたり、「本来あるべき大学教育とはこういうものだ」と信じるところに従って、教育の実践と研究に励んでまいりました。

幸福の科学の信仰を持つ人たちを中心に、多くの人々のお役に立って新しい文明を拓こうとする「未来に貢献《こうけん》する心」を養い、たくましく未来を切り拓いていける「道なき道を歩め」の精神を養う教育を心がけてきたつもりです。その大きなポイントは、「心の教育」です。

「心の教育」とは、毎日、信仰に基づき自らの心を磨いて、神仏に近づけていこうとする向上心を養うことが中心です。知識や技術を学ぶことも大事です。しかし、それだけではなく、やはり心を磨かなければ、ほんとうの意味で幸福になることもありませんし、成功することもないと思います。

本書では、実際にそうした教育を受けた学生たちに、HSUで行われている教育について、語っていただきました。入学した理由、実際に入学してみての感想、人間幸福学部・経営成功学部・未来産業学部・未来創造学部それぞれの魅力などを学生の立場から話してもらいました。

また、一期生はすでに卒業し、社会に出て活躍を始めていますので、彼らにもHSUで学んだことが実社会でどう役立っているのかを聞きました。

「良い木は良い果実を結ぶ」と言われるように、その教育の良し悪《あ》しは、学生の姿を見れば判定できると思います。ぜひ学生たちの言葉から、HSUで行ってきた信仰教育のすばらしさを感じ取っていただければ幸いです。

令和元年9月20日　幸福の科学学園 理事長　渡邉和哉

HSU——その限りなき可能性

目次

2. 凡事徹底の教えが実務に生きた――大野華奈さん

ハッピー・サイエンス・ユニバーシティとは？

ハッピー・サイエンス・ユニバーシティ（ＨＳＵ）は２０１５年４月、「日本発の本格私学」として開学しました。「幸福の探究と新文明の創造」という建学の精神のもと、①「ユートピアの礎《いしずえ》」となること（「高貴なる義務」に目覚めた人材の養成）②「未来国家創造の基礎」を築くこと（宗教性や幅広い教養を身につけたリーダーの輩出）③「新文明の源流」となること（現代的合理性と霊性とを融合した新文明の創造）を目指して人材養成と研究を行うことが、本学の使命です（４年半の教育実績を携《たずさ》え、２０１９年秋、「幸福の科学大学」として設置認可を申請）。

研究分野は「人間幸福学部」「経営成功学部」「未来産業学部」「未来創造学部」の４学部からなります。２０１９年３月には４年制初の卒業生を輩出しました。

第1章

HSUに入学して

——在校生座談会

《座談会参加者》

黒川白雲《くろかわはくうん》……　HSUバイス・プリンシパル 兼 人間幸福学部ディーン。1989年早稲田大学政治経済学部政治学科卒業後、東京都庁入庁。1991年より幸福の科学に奉職し、指導局長、活動推進局長、人事局長などを歴任して現職。著書『知的幸福整理学』など多数。

安藤里奈《あんどうりな》……　HSU人間幸福学部 人間幸福コース3年。

貴伝名慈美《きでなめぐみ》…　HSU人間幸福学部 国際コース3年。

山中香流《やまなかかおる》……　HSU経営成功学部4年。

遠藤慎《えんどうしん》………　HSU未来産業学部4年。

久保知佳子《くぼちかこ》…　HSU未来創造学部 政治・ジャーナリズム専攻コース3年。

※文中、特に著者名を明記していない書籍については原則、大川隆法著作です。

1．なぜ普通の大学に進学しなかったのか

現役《げんえき》HSU生がキャンパスライフを語り合う

黒川　どうぞ、よろしくお願いします。

一同　よろしくお願いいたします。

黒川　最初に、自己紹介からいきましょうか。まず私は、人間幸福学部ディーンの黒川白雲《くろかわはくうん》です。よろしくお願いします。では、遠藤くんからお願いします。

遠藤　はい！　未来産業学部4年の遠藤慎《えんどうしん》と申します。宇宙工学研究会での活動後、

現在は佐鳥新《さとりしん》先生（専攻は宇宙工学）の研究室に所属しております。

山中　僕は、経営成功学部4年の山中香流《やまなかかおる》と申します。夏まではＨＳＵ学生部で副学生部長をさせていただいていました。

久保　未来創造学部　政治・ジャーナリズム専攻コース3年の久保知佳子《くぼちかこ》です。今、ＨＳＵ新聞部の部長兼編集長をさせていただいています。

安藤　人間幸福学部　人間幸福コースの安藤里奈《あんどうりな》です。私は、ほかの大学に通っていたのですが、2年で辞めてＨＳＵに進学しました。今日は、見知っているメンバーでうれしかったです。

貴伝名　人間幸福学部　国際コースの貴伝名慈美《きでなめぐみ》です。本日は、よろしくお願いします。

一同　よろしくお願いします！

「頭がいいと嫌な人ばかり」と思っていたが、ＨＳＵは違った

黒川　それでは、なぜＨＳＵに入学しようと思ったのか、それぞれ、その動機のところをお願いいたします。

遠藤　僕は、もともとは大学にも進学する気がなくて、就職しようと思っていたんです。というのも、偏差値70くらいの進学校に通っていたのですが、周囲の人が〝学歴信仰〟だったことに、居心地《いごこち》の悪さを感じていました。部活動などを通して

スポーツや芸術系で同じクラスの人が入賞した際などは「おめでとう」と言い合える環境ではありましたし、僕も「おめでとう」と言っていただいたのですが。結局最後は「人として偉く、立場が上なのは、勉強のできる人だ」みたいな風潮はずっとありました。それがとても嫌で。

一同　ああ……。

遠藤　でも僕は、部活でソフトテニスに打ち込んでいたのもあって、偏差値がそんなに高くなくても「人としてすばらしいな」っていう友人がいっぱいいたんです。その頃は僕も極端だったので、「頭いい人はだめなんだ。大学に進学しても、こういう人ばかりなんだったら、意味ないいな」って思っていました。

黒川　それで何がきっかけで、ＨＳＵにこようと？

遠藤　就職するか迷ってた頃、仏法真理塾サクセスNo.1のスカイプ授業を勧められたんです。そうしたら、ＨＳＵ1期生のＩさんが講師をしてくれることになって。それで、「頭が良くてもこんなにすごい人がいるんだ！」って。

一同　（笑）。

遠藤　Ｉさんにｈｓｕ祭に誘ってもらって行ってみたら、Ｉさん以外もすごいなって。確かあのときは、ピラミッド前の階段に蓮《はす》の花の装飾をしてたんですよ。

黒川　ああ、そうでしたね！　すごくきれいでしたね。

遠藤　はい。そういうのもいろいろと見て、「こんなにすごいところがあるんだ！

自分も一緒に勉強してみたい」って思って、入学を決めました。

黒川　そうでしたか。先輩たちのすばらしい姿から感化を受けたんですね。では次は、山中くんお願いします。

神が創った学校はここしかない！

山中　僕は、入学の理由が三つあります。

僕、幸福の科学学園那須本校に通っていたので、宗教をベースとした教育がどれだけすばらしいかっていうのを肌身で感じていたんです。

何がすばらしいかっていうと、友達と話しているとみんな、「自分のために」っていうより「他人のために」っていう使命感を持っていて。それに向かって努力しているっていうのが共通しているんです。「人のためにこんなに頑張れる人を育てる教育ってほんとうにすごいな」って感じていました。だから、幸福の科学がつくった学校なら間違いなく行こうって決めたのが、一つ目の理由です。

黒川　幸福の科学学園には、６年間通ったんですか？

山中　そうですね。中高通じて６年間です。

二つ目の理由は、僕が高校２年生のときに、幸福の科学大学が大学申請をしたんですけど、「認可されませんでした」って聞いたんです。それを聞いた瞬間、「行こう！」って思ったんですよね。僕、そういう逆境とかめちゃめちゃ大好きで……。

一同　（笑）。

山中　「だったら、自分がこの学校に行って、将来活躍することで、何か幸福の科学に貢献《こうけん》できないかな」って。

一同　うんうん。

山中　三つ目の理由は、なんていっても僕たち信仰者なので、やっぱり幸福の科学総裁の大川隆法先生が大好きで、その方がつくった学校なら間違いない！って。

黒川　「神の創られた学校」とも言いますからね。

山中　はい！　ほんとうに、「神の創られた学校はここしかない」って決めました。

一同　（拍手）。

黒川　私も、山中くんが一つ目に言ったように、「他人のため、国のため、神のため」っていう気持ちを学園生もＨＳＵ生も持っているのが、信仰教育のすばらしさだと思います。

私が出た大学では、「将来成功するため」とか「お金持ちになるため」とか、「偉くなるため」っていうのが当然のような考え方でした。みんな、すごく勉強を頑張っていて、いろいろな試験を受けたりするんですけど、それが「日本のため」っていう発想の人が少ないいんですよね。

だから、私、ほんとうにＨＳＵで驚いているんです。ＨＳＵ生はみんな、ノーブレス・オブリージ（高貴なる義務）の精神を持っていて、「ほんとうに日本の宝だな。世界の宝だな」って思っています。頑張ってください。

山中　頑張ります！

キラキラしている学園生のようになりたくて

黒川　ありがとうございます。それでは、次に久保さんお願いします。

久保　はい。私は、私立の高校に通っていて、幸福の科学の教えとは違う仏教系の学校だったのですが、それでも「教育に宗教が入っていると、こんなに違うんだ」っていうのを感じることができたんです。

あと、私は中高で幸福の科学学園に行かなかったことを、結構、後悔していました。当会の月刊誌などで、幸福の科学学園生の活躍をたまに見かけると、みんなすごくキラキラしていて。「私もこんなふうになりたい！」ってすごく思ったので、HSUに決めました。

黒川　そうなんですね。

私のときもそうだったんですけど、大学に行くと完全な唯物論の方もいるんですよね。教養科目で取った物理の先生が、「人魂《ひとだま》現象はただのプラズマ現象だ」とか「神は死んだ」と授業で教えるので、信仰を持つ身としては、肩身が狭くなっていく経験をしました。

だから、幸福の科学の教えを授業で学び、堂々と信仰を表明して、一人ひとりが光り輝いていくことができる幸福の科学学園やＨＳＵは、ほんとうにすばらしいなって思います。

それでは次に、安藤さんお願いします。

宗教系の大学に通ったけど唯物論的な授業ばかりで……

安藤　はい。私は少し、話が長くなってしまうんですけど。

　ＨＳＵに入る前に、ほかの大学の仏教学部に通っていたんです。もともと家が仏教を信じていたこともあり、昔から私も神仏を信じていたのですが、小中高の頃はその価値観があまりにも周りの人と合わなくて、苦しんでいました。

　だから、「せめて、大学は宗教系の大学に行こう」って決めたんですけど、周りの先生方からは「偏差値で決めたの？」って言われるし、入学してみても、周りの８～９割は「ほかの大学に落ちたからきた」という人で。一部、「お寺の息子だから家を継《つ》ぐためにきました」って言う人もいたのですが、宗教の勉強をたくさんできると思って入ったのは私くらいでした。

　授業もとても唯物論的でした。たとえば、キリスト教の授業では、「旧約聖書は物語です」「モーセは存在しません」から始まったんです。

一同　えーっ！

安藤　毎日、片道2時間かけて満員電車に乗って行っても得られるものがほんとうにつまらないし、楽しくないしって悩んでいたんです。

その頃、ちょうど第二外国語のフランス語でもつまずいて悩んでいたら、母が、「一人だけフランス語ができる人を知っているから」って教えてくれる人を紹介してくれて。それが今、ＨＳＵ未来創造学部でも授業を持っておられる田中司先生でした。

一同　へえー。

安藤　母は「違う宗教をやっている」ということで、田中先生と連絡を絶《た》っていたみたいなんですけど、20年ぶりに連絡を取ってくれました。それから田中先生にフランス語を習うようになって、大学での悩みを田中先生にお話ししたら、「渋谷精舎《しょうじゃ》というところに、幸福の科学の学生がたくさん集《つど》っているから、行ってみるといいよ」って勧めてくれたんですね。

渋谷精舎に参拝してみたら、職員の方が対応してくださって、「ちょうど来月、第1回HSU祭があるから、学生部でバスが出るから、一緒に行かない？」って誘ってくださったんです。

HSUに着いてバスから降りた瞬間に、HSUの雰囲気《ふんいき》の良さにびっくりしました。新しい校舎っていうのもあるけど、聖なる雰囲気が漂《ただよ》っていて、「うわあ、ほんとにこんな学校あるんだ！」って感動したんです。それで、「こんなところに通

えたらいいな」って心の底から思って、その日に三帰誓願《さんきせいがん》（※）させていただいたんです。それからは、大学に通っていても、「ＨＳＵの人たちは、あんなにいい時間を過ごしているんだな。うらやましいな」って（笑）。

黒川　私もＨＳＵ生がうらやましいです（笑）。

安藤　私は往復４時間かけて通っているのにつらいなって。大学の教授に幸福の科学の経典《きょうてん》を読んでいるのを知られて、「なんだこいつ」っていう目で見られたこともあります。キリスト教の授業の出席票に「旧約聖書が嘘《うそ》とは言い切れない」「今までの偉人がいなかったという証拠がない」ということを書いたら、次の授業の冒頭で、「モーセも旧約聖書も全部、物語です！」って強く言われて。まあ、生意気な学生だったと思います（笑）。

その頃は、「今の大学で３年までにほぼ単位を取り切って、４年生になったらＨ

※三帰誓願……　仏（仏陀）・法（教え）・僧（僧団）の三宝《さんぽう》に帰依を誓うこと。

ＳＵとダブルスクールにしよう」って思っていたんです。でも、あるとき黒川先生が連絡をくださって、お話ししていたら、「来年から入学したらどうですか」と言われて、「え⁉」ってなって。はじめは、「親も賛成してくれないだろうし、お金のこともあるし」って戸惑っていたら、奨学金制度のことなどを教えてくださいました。

それで、「もしかしたら来年、自分もＨＳＵに行けるかもしれない」って希望を抱き始めたら、いろいろ、周りが変わってきて。自分がＨＳＵに行きたいと思っていることがお父さんにばれたり（笑）。

それでも決意し切れずにいたときに、第２回ＨＳＵ祭に参加したんです。そうしたら総裁先生が……。

黒川　ああ、御視察ですね。

安藤　はい。大川隆法総裁先生が、ＨＳＵ祭に御視察にこられていたんです。たまたま母と一緒に、人間幸福学部のブースで黒川先生からＨＳＵの説明を聞いていたら、総裁先生がこられて、そこにいるみんなに笑いかけてくださって。そうしたら、黒川先生が「この人は他大学に行っているけど、来年入学しようと思ってるんです」って紹介してくださって……。

一同　（笑）。

安藤　総裁先生は私のほうを見て「そうなの」っておっしゃって次の部屋へ行かれたんですけど。「これはもう行くしかない。絶対行こう」って思いました。

それからもう一つ、ＨＳＵ行きを確信するできごとがありました。私が通っていた高校のクラスは、あまり雰囲気のいいクラスではなかったんです。でも、その中で一人だけ、すごく優しくて話しやすい人がいて。ＨＳＵ祭で、その人と再会したんです。経営成功学部を去年卒業したMくんなんですけど。「何か大きな意思が、ずっと働いていたんだ。これは自分だけの意思でやっている人生じゃない」と感じたのが、進学を決意するきっかけになりました。

黒川　すばらしいですね。いろいろな形で天上界から、導かれたようでしたね。仏教の学部でも、信仰とか神仏は、わりと否定されているんですか？

安藤　そうですね。〝史実通りに伝える〟っていうことなのかもしれないですけど。仏教でも、釈尊よりも道元禅師の勉強をしていた印象が強かったですし。

黒川　そういう中で、心の教えとか、人格形成っていうところはどうでしたか？

安藤　それが、どの授業でも、善悪があいまいなところがありました。

たとえば、「動物だけにこんなひどい仕打ちをするのは、人間も同じ動物なのにいいのか」というような問題について、「皆さんどう思いますか」って先生が言って、すごくあいまいなまま終わりみたいな。

黒川　結論がないんですね。禅問答《ぜんもんどう》みたいに。

安藤　はい。また、哲学・歴史系の授業でも、ニーチェの思想などの説明はするのですが、それに対する判断はせず、たんたんと伝えられるっていう印象が強くて。幸福の科学の教えを知るまでは、「結局どっちなんだろう？」って私もわからずにいました。

黒川　仏教系の大学であっても、価値判断があいまいにされていたり、幸福の科学の経典を堂々と読めないのが現実なんですね。幸福の科学信者子弟《してい》にとっては肩身が狭いですね。

「今、真理の側《がわ》を選択しなければ絶対後悔する」

黒川　では、次に貴伝名さん、お願いします。

貴伝名　はい。私も山中くんと同じで、幸福の科学学園那須本校に通っていました。でも、そもそも学園の入学のときに、すごく行きたくなかったんです。幸福の科学学園に行くって言うことは、周りの友人に対して信仰告白するのも同然じゃないですか。それを言うのが嫌で、「行きたくない」って言ってて。

そのとき、母から言われたのが、「来世《らいせ》、来来世《らいらいせ》まで考えたときに、今、真理の側《がわ》を選択しなければ絶対後悔する」っていう言葉でした。それで、幸福の科学学園に行くことにしました。

ＨＳＵができるって聞いたときは、高校を卒業してから1年間待たないと開学されない状態だったのですが、総本山・未来館で雲水《うんすい》修行をしながら勉強をさせていただいて、開学と同時にＨＳＵに入学させていただきました。

黒川　その1年間の間に、「幸福の科学大学、不認可」っていうできごともあったわけですが、当時はどう思いましたか？

貴伝名　周りの友人は「幸福の科学大学ができないかもしれない」ってショックを受けて泣いている子もいて、すごく悲しい雰囲気が漂っていたんですけど……。私は、「いや、そんなわけない」ってなぜか思ってて（笑）。「文科省に不認可と言われたからって、なくなるわけがない」って信じていたので、数日後に「幸福の科学大学じゃなくＨＳＵを開学します」って聞いて、「あ、行けるんだ」って。

黒川　すごい確信ですね。

皆さんのＨＳＵ入学に向けた熱い思いを聞かせていただきました。ありがとうございます。

幸福の科学の信仰を持って、自由に信仰を表して、自分の人格を成長させていくことが信者子弟の願いであり、それを実現できるのは、ＨＳＵしかないと思います。だからこそ、学問の自由、信教の自由の観点からも、幸福の科学大学が必要だといえると思います。

2．ＨＳＵに入ってみて感じたこと

教学の授業が一番楽しい！

黒川　次に、ＨＳＵに入学して成長したなと感じているところや授業についてお話しいただければと思います。では、遠藤くんからお願いします。

遠藤　ＨＳＵに入って一番良かったなと思っていることは、やっぱり幸福の科学の教学系の授業ですね。僕は未来産業学部なんですけど、やっぱり、教学の授業が良くて。

僕、高校までは信じてなかったわけじゃないんですけど、支部に御法話を拝聴しに行っても、「開始3秒で爆睡《ばくすい》」みたいな。

一同　（笑）。

遠藤　で、終わって、起きて、「ありがとうございましたー」って帰る感じで、経《きょう》典《てん》も読まずにいたんです。その頃は、信仰が、僕の中では歯磨きみたいな感じで。

黒川　歯磨き（笑）。

遠藤　「朝起きてお祈りして、寝る前にもお祈りする」っていうのは毎日やっていたんですけど、特に深く考えていなくて。御法話もちゃんと聴いてないから、自分から他人に何かをすることもなく、「今日も何かいいことありますように」みたいな感じの信仰だったんですね。

ＨＳＵに入学して教学の授業が始まり、そのときはじめて『太陽の法』をちゃんと読むところから始まりました。特に「幸福の科学基礎教学Ｂ」は『太陽の法』を詳しく教えていただく授業なんですけど、ほんとうにためになった。自分で読んでもわからないところを、テキストも用意してもらって、教員の方の解説を聴けて。それまでの18年間の人生を反省しようって思える授業でした。

教学系だと「創立者の精神を学ぶ」っていう授業もあるんですけど、これも一番前の席で聴くようになりました。しかも眠くならなかったんですね。

やっぱり、教学の授業が受けられるっていうのは、家で自分で勉強するだけとか、自分で支部に行って勉強するだけよりも、はるかに内容の濃い時間を過ごせるんだと感じました。

また、未来産業学系の授業は、僕としては全部いいなと思っているんですけど。

黒川　何を専門に勉強しているんですか？

遠藤　専攻と言うべきものは特になくて。というのも、最初は一通り、生物系の授業をすべておさえて、理論数学も必要だろうとある程度は受講して、その後、佐鳥《さとり》先生の研究室で心を計測する研究を始めたので、心理学の勉強も始めたんですけど、いわゆる「専攻」っていうと、既存の学問のどれに当てはまるのかわからなくて。今は、ウェブ系にも興味が出てきたので授業を取り、機械・工学系以外は、一通りおさえたと思います。

教員の方々の多くは、信仰心もあり、すごく優秀な方々ばかりなので、ほんとうは、お一人で研究を進めたほうがきっと進むはずなのに、未来のためを思って、僕たちにも教えてくださっているんですよね。1コマ1時間半。それを考えると、ほんとうにありがたいし、「全力でやらないとだめだな」って思ってやっていると、やっぱり、未来産業学部の授業は全部いいなあって感じています。

黒川　なるほど。

遠藤　あと、未来産業学部は、授業以外で、１年次から研究ができるっていうところが強みです。

黒川　それはほかの大学にはないですね。

遠藤くんは、学会発表などもされていますよね。

遠藤　そうですね。ちょうど昨日も芝浦工大で学会発表をしてきました。

ちょっと難しい話になるんですけど。「心の計測」を研究していると言いましたが、たとえば、質問用紙をつくって、そこには「父」「母」など言葉が書いてあって、「この単語を見たときにポジティブな思いが出るか、それともネガティブな思いが出るか」っていうこ

とを計測する研究なんです。

心理学では「ストレス」っていうものがありまして、そのストレスを「自分を成長させるもの」と思っている人は、日々の中で病気になったりせずに成長できる。逆に、「ストレスは悪いものだ」と思っている人にとっては、同じだけの負荷《ふか》量しかかかっていないにもかかわらず病気になったりします。

こういうふうに「思いの法則」が働いていて、ここに対する3次元的なアプローチとして「心を計測するアルゴリズム」をつくることで、ストレスによってどれくらい病気になりやすいかをチェックできる用紙を作成しますっていう発表をしました。このテーマでは、今回で3回目です。

黒川　そういう研究において、幸福の科学の仏法真理（※）っていうのは、どのように生かされているんでしょうか。

※仏法真理……　大川隆法総裁によって説かれる幸福の科学の教え。

遠藤　やっぱり『未来の法』などにある通り、「思いこそ自分自身である」っていう教えや、「思い」「念」に関する教えは一番参考にしています。
また、「良い思いと悪い思いは同時に持てない」っていう教えがありますが、心を計測する質問用紙の回答方法のアイデアには、この教えがとても影響しています。

黒川　なるほど。未来産業学部の研究もやはり、仏法真理と切り離すことはできませんね。ありがとうございます。

発信力を磨ける授業

黒川　では、次は山中くん、お願いします。

山中　はい。今となってはよく、路上で街宣《がいせん》活動をやるときとか、発表する役を決めるときに、「山中くん、お願い」って頼まれる感じになっちゃったんですけど。実は僕、中高のときは、めちゃくちゃ人前で話すのが苦手で。

黒川　意外ですね。

山中　ほんっとうに苦手で。発表するって決まったら、前日は緊張して眠れないくらいだったんです。でも、HSUにきたら、発表の機会ってたくさんあるじゃないですか。「提案力」「発言力」「企画力」といった、自分から能動的に発するっていう授業が多くて、そこが一番成長したなって思いますね。

特に経営成功学部の授業では、「ディベート入門」とか「プレゼンテーション入門」、それから、毎週1冊本を読んで、その内容をまとめて発表するというような機会が多いので、発言力や提案力がついたなっていうのがあります。

でも正直、僕はそれこそ黒川先生の授業が……。

黒川　気を使わなくていいですよ（笑）。

山中　いや、僕、黒川先生の授業、ほんっとに好きで、あの、お世辞《せじ》じゃなくて（笑）。「こんなに熱く授業する人いるんだ」ってことにまず感動していまして。一番好きなのは「幸福の科学実践教学概論」です。授業の中に幸福の科学の教団史が出てきて、幸福の科学の出家者がゲスト講師にきてくださることがあるんですけど。今まで幸福の科学を支えてきてくださった方々が、どういったマインドで、どういった情熱で人生を送ってこられたかっていうのが、すごく……感動しました。

黒川　なるほど、わかりました。
山中くんは、伝道活動やデモなどに参加すると、いつも最前線に出て発信されていますけど、昔は苦手だったんですね。

大川総裁も、『光り輝く人となるためには』において、「自分の意見が出せる。考え出せる。あるいは、新しい問題に対して解決法をクリエイトしていける」力をつけてほしいとした上で、「『未来文明に寄与できなかったら、卒業の意味はない』と考えてください」と教えてくださっていますね。

山中くんはほんとうに、そういう力を磨かれてきたんですね。

ノウハウだけでなく、「根本の精神」が学べる

黒川　では、久保さん、お願いします。

久保　はい！　皆さまも思っておられると思うんですけど、HSUの授業って、す

べてが良くて。

一同　（笑）。

久保　私は未来創造学部なんですけど、やっぱり、教学系の授業が大好きで。もっと、長生キャンパスの授業をメディア授業（※）で送ってほしいなって思ってるんですけど。１週間に１回は授業に感動して泣くっていうのは、普通の大学じゃあり得ないと思うんです。

ＨＳＵは宗教をベースにした学校なので、「根本の精神」を学べるところが一番の良いところだと思います。

たとえば、政治・ジャーナリズム専攻コースの授業って、具体的な政治系の科目などもあるんですけど、「政治家のあるべき姿は何か」とか、「正しいジャーナリズムとは何か」とか、そういう根本の精神も教えてもらえるんです。おそらく、普通

※遠隔（メディア）授業システム……　東京キャンパスにいながら長生キャンパスの授業を、長生キャンパスにいながら東京キャンパスの授業を中継で受けられるシステム。

の大学だと、ノウハウや知識は教えてもらえても、その精神のところはなかなか学ぶ機会がないと思うんですよ。

なので、ＨＳＵの授業で、「精神」のところをバシッと教えていただいたので、自分の活動が変わっていったというのは、すごくありますね。

たとえば、ＨＳＵの学生たちが、８月15日の終戦記念日に「靖国《やすくに》神社で、日本の誇《ほこ》りを取り戻すためのスプレッドをしよう」というと、参加させていただくようになりました。また、今、香港《ホンコン》で、「自由・民主・信仰」のために戦っている若者たちがいて、それを見ているといてもたってもいられない気持ちになって、私は新聞部員ということもあってＨＳＵ新聞「天使の梯子《はしご》」に記事を載せています。そういうことを学ばせていただいているのが、すごく大きいですね。

特に、ＨＳＵでは、総裁先生の背中から学ばせていただいているというか、総裁先生に続いていこうって思えて……（涙で言葉をつまらせる）。あーだめだ、ごめんなさい、泣いちゃって（笑）。

黒川　大丈夫ですよ。

久保　すぐ泣いちゃう。でも、すぐ熱くなるのも、ＨＳＵで学んでいるからだなって思います。

黒川　総裁先生の背中から学ばせていただいたということでしたが、「創立者の精神を学ぶ」という授業も学びが多かったのではないですか?

久保　そうですね。やはり、総裁先生の幼少期から、中高、大学のエピソードを学ばせていただいて、自助努力の精神とは何かを知ると、自分の大学生活のあり方を反省して、振り返らせていただく機会になりました。「もし、総裁先生がＨＳＵにいらっしゃったら、どんなふうに過ごされるだろう?」って、折に触れて考えながら、学ばせていただいています。

特に私は、「反省」が苦手だったんですけど、HSUの授業を通して、反省など信仰生活の確立もさせていただきました。瞑想実習とか、反省の仕方とか。

また、ほかにも、「今、起きている、現実の問題」に対してどうとらえるべきか、どう動いていくか、ということも教えていただける授業があります。「ザ・リバティ」編集長の綾織次郎《あやおりじろう》さんをはじめ、錚々《そうそう》たる教員の方々が、ニュースや世の中のことを解説してくださったりするんです。

どの授業においても、「何が善で、何が悪か」っていう判断基準がしっかり入っていて、すごくこう……人間を〝練《ね》り上げられている〟感じがします。

黒川　私も大学では、政治学科だったんですけどね。「ジョン・ロックがなんて言ったか」とか、「モンテスキューがこう言った」とか、「法体系の形成は、大陸系と英米系があって……」といった、細かい歴史のことをいっぱい習うんです。

でも、現実の政治問題に対して価値判断をし、「未来の政治はどうあるべきか」っていうことは、まったくないんです。何十年も使っている古いテキストがあって、それを読みながら解説するという具合です。

ですから、「過去の政治学者が何を言っていたか」っていうことには詳しくなったけど、現在に対して、未来に対して、自分はどう考えて行くべきなのかはまったくわからない。過去の思想ももちろん大事ではあるけれども、それだけで終わっているんですね。

そういうところが、未来創造学部との違いで、私も未来創造学部で学びたかったなあと思います。

「自分にはこんなに可能性があったんだ！」と気づけた

黒川　じゃあ、次は安藤さん、お願いします。

安藤　私はＨＳＵにきて、自分の可能性がどんどん出てくるっていうのを実感していまして。入学する前までは、「私は頭も悪いし、何もできない」っていうイメージが強かったんです。

私自身は神様を信じていたんですけど、以前通っていた大学のレポートなどでそれを前面に出すと厳しく追及されるので、そう見えないように無理に書いていたのですが、やはり評価は低くて。「自分って何もできないな」って思ってたんです。

でもＨＳＵの人間幸福学部に入学したら、自分の考えや授業を通して学んだこと、自分で研究したことを発表する機会がどんどん出てきまして、授業で発表したりすると、友人が「感動した」って言ってくれたり、教員の方々が「これはすごくいい気づきだね」って言ってくださったり、自分の研究内容に対して、「まさにその通りだと思うよ」って言ってくれる人もいるんです。「自分ってこんなに可能性があったんだ」って、自分が好きになりました。

ちょっと気持ち悪いと思われるかもしれないんですけど、私、人前で発表したり、レポート書いたりするのが大好きで（笑）。

黒川　すごいですね（笑）。

安藤　２年生のとき「幸福の科学応用教学概論」というゼミ形式の授業で、けっこう難しいテーマの担当になったんです。

黒川　あれは難しいですよね。

安藤　「私、こんなのできるかな」って不安だったんですけど……。２カ月くらい、ずっとそのテーマと向き合って、いろいろ調べたり、考えたりし続けて、発表したんです。そうしたら、学生のみんなが評価シートに「ほんとうに良かった」「お金を取っていいレベルだと思う」とか書いてくれて……（笑）。

一同　（笑）。

安藤　それがすごくうれしくて。入学前の自分だったら絶対、できるとは思っていなかったことが、できた。一つの問題に対して向き合って、自分で考えて、それをアウトプットする楽しさ。それで出てくる自分の可能性が、すごいなって思いました。毎日が、そういうことの連続です。

だから、ＨＳＵは、可能性を発見してくれる場だな、総裁先生がそういう場を提供してくださっているんだなって思います。

黒川　そうですね。

ＨＳＵの教員は全員が、「学生一人ひとりの可能性を見て、一人ひとりが持っている仏性を、違う個性を開花できるように最大限に引き出していこう」っていう思いで全力を注いでいます。これも、創立者である大川総裁の精神です。

これもＨＳＵの特徴の一つではないかと思います。

フィリピンの人々と「愛」について語り合う

安藤　また、「ＨＳＵの学びって、ほんとうに世界に通用するものなんだな」って実感したことがありまして。

去年の夏に2週間、フィリピンへ語学留学に行かせていただいたんです。フィリピンってカトリックの国で、９割くらいの方が信仰心を持っています。スマホの待ち受け画像をイエス様にしていたり、聖書の言葉にしていたりっていうくらい、国民の信仰心がとても篤《あつ》いんです。

私は語学学校に通ったんですけど、そこで、「ハッピー・サイエンス・ユニバーシティでヒューマン・ハピネスについて学んでいる」と説明していくと、「この子は、神様を信じている子だ」とわかってくれて、すごく興味・関心を持っていろいろ聞いていてくれたんです。

それで、だんだん宗教的に深い話になっていって、「私が今から『愛を信じない人』になるから、愛っていうものを教えてみて」って話になって（笑）。

一同　へえー！

安藤　そこで、『太陽の法』を参考に、「人は、愛っていう目に見えないものを信じるじゃないか。それが、神がいる証拠でもある」って力強く言ったら、先生が感動してくださって。拙《つたな》い英語だったんですけど、キリスト教を信じていらっしゃるから、通じるところがあったんだと思います。

ほかにも、「進化論」についても盛り上がりました。たとえば「鳥のくちばしが進化したことはあっても、鳥が人間になったところはまだ一度も発見されていない。だから、『進化論』というのも、証明されていないものを信じているのと同じなんですよ」と授業で習ったことを説明したら、やはり先生がすごく感動してくれたんですよ。

日本にいるとなかなかわからなかったのですが、世界に通用して、世界の人たちの心を打つものを今、４年間で教えていただいているんです。いつか、ＨＳＵ生が卒業して世界に広がっていって、学んだことを人々に伝えていき、感動を与え、世の中を変えていくんだなって実感しました。総裁先生はきっと、そうした未来を見通されているんじゃないかな。

黒川　すばらしいですね。ＨＳＵで学んでいることがどれだけすばらしいかは、海外に行って気づくことってありますよね。

ニューヨーク州立大学に1年間留学していた4年生のYくんも、似たような体験をしています。アメリカの大学で1年間学んだ結果、「HSUで学んでいたことは、世界のスタンダードを超える内容であり、海外の大学で学べる以上のものだった」と実感したようです。

毎週楽しくて、涙なしには受けられない授業

黒川　では、次は貴伝名《きでな》さん、お願いします。

貴伝名　私は、やっぱり教学の授業がめちゃくちゃ好きです。「幸福の科学応用教学C」っていう授業があるんですけど、これは仏教について学ぶ授業なんです。あと「東洋哲学」、これを今年の前期は同時に受けていまして。

私、「仏教って難しいイメージだな」って思っていたんですけど、授業を受け始めたら「え⁉　仏教ってめっちゃおもしろい」ってなって。今まで「無我《むが》」と「空《くう》」の区別すらあまりついていなかったんですけど、特に、「空」のおもしろさに気づいてしまって……。

一同　（笑）。

貴伝名　日々、生きていても、この世界は実在じゃない。その実在じゃない世界に生きているんだなと思うと、「空っておもしろい！」ってなって。

黒川　「空」、おもしろいですよね。

貴伝名　そうなんですよ。それで結構今までの仏教のイメージがガラッと変わって、もう、毎週めちゃくちゃ楽しかったです。

また、さっき山中くんがおっしゃっていた「幸福の科学実践教学概論」。あれは私、今まで受けた中で一番好きかもしれないくらい、ほんっとにもう。

一同　（笑）。

貴伝名　毎週毎週、涙なしには受けられないっていうくらい、すごい信仰心と情熱を感じることができるんです。授業のはじめに学生の発表もありまして。そういうのも聴いていて、すごく自分の中に伝道の思いが湧《わ》き上がってきて、周りの皆さまから感化されて、頑張れているなって感じています。

ほんとうに、ＨＳＵの授業は楽しいです。学びが多過ぎてついていけないくらい、毎日、毎日学びがあって、それが全部、自己変革のきっかけになっていて、ほんとうにありがたいなと思っています。

病《やまい》の中で見つけた「希望」

黒川　ところで、貴伝名さんは一度、ご病気で休学されているんですよね。病状がきつくて、一時期は退学も考えたこともあったそうですが、復学できた経緯を聞かせてください。

貴伝名　はい。もともと、HSUに入学する前の年に腎臓《じんぞう》の難病にかかって、入学して1ヶ月くらい経《た》った頃に一度、入院したんです。そのときは1ヶ月半くらいで復帰できたのですが、2年目にまた入院することになって、そのときも2カ月で復帰できて。

この頃、とにかく薬の副作用がつらかったんです。顔が真ん丸に腫《は》れてしまい、髪の毛が抜けていって。二十歳《はたち》前後って、周りのみんなが一番きれいになっていく時期なのに、自分はなんて醜《みにく》い顔なんだろうって思ったり。それで、薬を飲むのを止めてしまったら、もう動けないくらいひどいことになってしまい、休学することになりました。

一番ひどいときは、身体《からだ》がすごくつらかったので「死んだほうが楽だろうな」って思っていました。「死にたい」とかではなく、「この肉体がとにかく嫌」っていう感じで。

肉体的なつらさが1カ月間続いたあと、次は精神的なつらさがきました。今思い出しても、あれはもう二度と経験したくないですね。毎日、24時間、ひたすら「助けて」って何かに対して思い続けていて、言葉にできないんですけど、絶望ってあいうことを言うんだなっていうくらい、生きながらにして地獄にいるようでした。

名古屋正心館で「悪霊成仏祈願《あくれいじょうぶつ》」を受けさせていただいたりもしました。そのあとも、「なんで自分は生きているんだろう」「明日がくるのが怖い」と思い続けていて、救いを求めて必死に幸福の科学に関する言葉を書き出していたんです。「愛」とか、いろいろと。ずっと書き出しているうちに「伝道」って思い浮かんで、その瞬間に、「あ」って軽くなって。

一同　ええ～⁉

貴伝名　それで、それまでの苦しみから解放されて、徐々に治っていったんです。

黒川　そのところ、詳しく教えてください。

貴伝名　苦しみの中で先が見えないときは、ほんとうに、絶望。その状況の中で「伝道」という生きる希望が見つかった瞬間に、もうなんか、ふっと。

黒川　ああ、「希望」だったんですね！

貴伝名　はい。希望はほんとうに大事だと思いました。そこから1年くらいを経て学校に復帰できたのですが、そのときはすごく不安でした。私は一期生だったのですが、一期生はもうすぐ卒業してしまうし、学年も変わるとなると不安しかなくて、辞めようかなって思ったこともあったんですけど……「どうせ戻るなら、一期生がいるうちに」って、思い切って復学させていただいたんです。今、やっぱり、戻ってきて良かったなあって思いますね。

黒川　今もう、体調はよくなったんですか？

貴伝名　体調は、今はいいです。完治したわけではないのですが、ここからまた何段階かの自己変革を経て治していきたいと思っています。

黒川　現在、ＨＳＵ新聞部でも活躍していますよね。

貴伝名　今、私の中で、新聞部がめちゃくちゃ大きいんです。生活のほとんどが新聞部ですね。そこでいろいろなことを経験させてもらえていることが、ほんとうにありがたいです。復学するときに、学年が変わることがあんなに不安だったのに、今は、「今の新聞部にいられてほんとうに良かった」と思います。

「組織が発展していくためには、その組織にいる一人ひとりの自己変革が必要だな」って新聞部で活動しているとすごく感じるので、日々、自己変革の連続で、すごく楽しいですね。

一同　（拍手）。

ＨＳＵの教育は、現在、豊かな人格を磨き上げている

黒川　ありがとうございます。皆さまの魂の成長について聞かせていただきました。私たちＨＳＵが目指している「人間学」のところが、皆さんの体験の中からも感じられたなと思います。

創立者である大川総裁の精神に基づいて、ＨＳＵで教えているものは「修養」「人間学」「人間としての生き方」であり、大川総裁も「今はどこの大学に行ってもこれを教えてくれません」と言われています。この「人格教育」のところは、どの学部の授業であっても、ＨＳＵのすべての授業の根底に置かれているんですね。

「ノーブレス・オブリージ（高貴なる義務）」という言葉がありますが、授業を通して、志を立て、他の人のため、世の中のために情熱を燃やし、克己心《こっきしん》を持ち、自

助努力の精神を育んでいるのが、ＨＳＵの教育かなと思います。

　こういうものを一人ひとりが学んでいく中で、本来のポテンシャルを磨き出し、仏性を輝かせ、豊かな人間性を築き上げていくことができます。だからこそ、世の中のお役に立つ人間になり、国家を、世界を発展させていくことができるのです。

　それこそがＨＳＵの目的であるし、教職員の願いであるし、学生の皆さんの志でもあると思うんですね。そういう意味で、ＨＳＵの教育は、一般の大学の教育内容を超えた、豊かな人間学を学ぶことができる教育になっていると思います。

3．四つの学部の魅力とは

人間学や帝王学を学べる

黒川　ＨＳＵでは「天才教育」も重視しています。ＴＯＥＩＣの点数が飛躍的に上がるなどだけでなく、各人の天分を思いきり発現して、尋常《じんじょう》ならざる成果を出していくことを目指しているんですね。

さきほどは授業の魅力について教えていただきましたが、もう少し詳しく、皆さんの学部のことを教えてもらえればありがたく思います。

それでは、安藤さんからお願いします。

安藤　はい。人間幸福学部は、その名前の通り、「人間」の「幸福」について学び、研究するところなので、いろいろな人の価値観や、他人の痛みがわかるようになる学部だなと思っています。

宗教的真理を土台にしたＨＳＵにおいて、どの学部よりも徹底的に「仏法真理」を勉強するんです。こうして仏法真理を深く深く学ぶことで、他人の悩みにほんとうに答えられる人になり、人々の「心のオアシス」というか、心の医者になっていけるように思います。それは、サークル活動などでリーダーをやっているような人だけではなくて。「なんかよく人から相談されるんだよね」っていう人が人間幸福学部には多いようです。

特に、人間幸福学部はプロの宗教家を養成する内容なので、説法やお祈りの仕方、教学を深める方法などを教えてくださいます。社会人になったときに出家（※）するかしないかにかかわらず、全員が「宗教家」として人を救い、解決策を提示してあげられるような人材になっていけると思うのです。そういうことは、人間にとってとても大切だし、何物《なにもの》にも代えがたいものだなと感じています。

※出家……　幸福の科学の職員・僧職者になることを「出家」と呼ぶ。

私も今年の9月まで1年間、第一学生寮の寮長をさせていただいていました。第一学生寮は、学生自治で運営しているので、住んでいる学生の中に「寮自治」のメンバーが50人くらいいるんです。ほんとうにいろいろな考え方の方がいて、ときには「宇宙人かな」と思うような個性的な人もいて（笑）。人間幸福学部で学ぶ前の私だったら、受け入れられなかった人もいると思うんですけど、やはりリーダーとして一人ひとりと関わっていく中で、仲良くなったり、わかり合えるようになっていったのが、大きかったです。

そういう意味でも、人格的に成長しているなと思います。

黒川　ありがとうございます。

人間幸福学部は、「人間学」を大事に学んでいます。人々の上に立つ「徳あるリーダー」としての力が身についていくのは、卒業生を見てもそう感じますね。出家して宗教家になられた方々もそうですし、様々な企業で働いている方も、とても評判が良いのです。それもやはり、さきほど安藤さんもおっしゃっていたように、包《ほう》容力《ようりょく》をもってリーダーシップを発揮する力が身についてきているからかなと思います。

さらにそれが進むと「帝王学」もあります。大川総裁は、２０１８年度卒業式での御法話「道なき道を歩め」において、「ＨＳＵのほんとうのすごさが分かるのは、卒業したあとです」「特に効き目があるのは四十歳以降であり、それ以降は、もっともっと効き目が出てきます」と教えてくださっています。人格を磨き、人々を導いていけるリーダーの素地《そじ》をしっかりつくれるのが人間幸福学部の魅力です。

安藤さんも、寮長をしていて器《うつわ》が広がったとお話しされていましたが、ほかの皆さんも、様々な場面でその力を発揮し始めているのではないかと思います。

「知性・理性」にとどまらず、感性・悟性を磨くことの大切さ

黒川　人間幸福学部では、幸福の科学教学以外に宗教学や哲学などの授業もありますが、学んでいてどうですか?

安藤　そうですね。たとえば、キリスト教のイエス様のことを授業でやるとしたら、前の大学では、「単に歴史としての事実を伝える」っていうスタンスでした。「ここで生まれて、こうして伝道して、十字架にかけられました」っていう感じで終わりです。

ＨＳＵでは、イエス様がどんな気持ちで愛の教えを伝えていたのか、イエス様の愛の本質ってなんだったのかっていうところまで徹底的に考えるので、まるで、その時代に行って、イエス様の愛を追体験《ついたいけん》したかのような充実感です。泣いている人

もおり、私も涙が止まりませんでした。

哲学の授業でも、ソクラテスやプラトン、アリストテレスの思想を単に勉強するだけではなく、その奥に込められた神の思いというか、「実は、地上の人々を幸福にするために、こんなに情熱を持った方々だったんだ」っていうことを実感できるような授業で、やっぱり涙が止まらなくなることがあります。

そういう偉人たちの「人類に対する愛」みたいなものを教えてくださるので、「今まで人類の歴史にはこれだけの思いが込められて、動いてきたんだ」「自分もこのままじゃいけない」「もっともっと、人々のために生きよう」って決意するので、哲学の授業からでも「ノーブレス・オブリージ」の精神が身についてくる。

特に私は、釈尊やイエス様がどんな方だったのかを知りたくて、前の大学では仏教学部に通っていたのですが、そこでは学べませんでした。でも、今は生きる手本……というのか、未来への指針となるようなことをたくさん学べています。それは、ＨＳＵならではだし、ほかの大学ではなかなかない授業ではないかと思います。

黒川　私も経験があるのですが、通常の大学教育では、知性的・理性的な内容で止まっているところがありますよね。それを超えて、人への優しさや情熱といった感性・悟性を学ぶのは、やっぱり必要です。大川総裁も、これからくるＡＩ時代を生き抜くには、「悟性」のところ、「クリエイティブなところ」や「トータル・マネジメント的なところ」「人 対 人の交渉事や人間関係のところ」が大事だと教えてくださっています。「人格を向上して、日本や世界を牽引《けんいん》するリーダー人材となる」というのが、私たちが目指しているレベルなんですね。やはり、知性・理性を超えた悟性レベルの教育をますます実現していきたいと思っています。

国際コースの授業は「自己変革」させてくれる場

黒川　それでは、貴伝名《きでな》さん、国際コースの魅力を教えていただければと思います。

貴伝名　そうですね。私はもともと未来創造学部だったんですけど、人間幸福学部への転部を考えていたとき、国際コースの教職員である松本ご夫妻に「国際コースにきたら？」って誘われて、「行こうかな」って軽いノリで決めてしまったんです。

だから、やはり授業についていくのに必死です。周りにすごくできる人が多いので。特に私は、人前で話すのが苦手なのですが、英語スピーチやディベートなど人前で話す機会が毎週あるんです。その中で、苦手なことを乗り越えて自己変革しよう！と思って取り組んでいます。

黒川　予習・復習は大変ですか？

貴伝名　準備が大変ですね。毎回、数分間の発表をするんですけど、私の場合、それを考えるのに数時間かかり、さらにそれを覚えて……。

黒川　原稿を見ながらスピーチしてはいけないんですか？

貴伝名　もちろん見てもいいんですけど、やっぱりスピーチならなるべく見ないほうがいいかなと思ってやっています。大変ではありますが、すごく力がつくのでありがたいですね。

周りのみんながすごい情熱を持って勉強しているので、それにすごく感動するんです。

私自身はそんなに、「絶対、国際伝道！」って思って国際コースに入ったわけではなかったのですが、授業を受け、みんなの姿を見ているうちに、「ほんとうに世界中の人が、主の教えを待っているんだな」ってひしひしと感じるようになって。今は、海外にも行きたいなと思い始めて、そのためにはもっと頑張らなきゃなと思っています。だから私にとっては、国際コースは、すごく自己変革できる場所です。

黒川　授業では、スピーチやディベートなど、意見を積極的に発信する場が多いのが特徴ですね。

貴伝名　そうですね。国際コースの目的に、「自分の意見を英語で発信できるようになること」っていうのがあります。そのためには、英語だけじゃなくてほかの勉強もいっぱい必要ですし、人前で自分の意見をはっきり言えるのが大事なので、すごく鍛《きた》えられます。

黒川　海外に行っても、自分の意見が言えないと、「この人は自分の意見を考えていない人だ」と見られるんですよね。

貴伝名　はい。日本では、自分の意見をたくさん言う風潮はあまりないんですけど、海外ではそれは通用しないところがあるようです。「みんな、自分の意見を持っていて当たり前」で。私たちは、そうした中で仏法真理を広げていきたいと思っているので、やっぱり、大事だなって思いますね。私はまだペラペラしゃべれるほうではなくて、訓練中なんですけど。

黒川　ＴＯＥＩＣにも力を入れているんですよね。

貴伝名　私のスコアは８２５なんですけど、入学したときは５００点台だったので、２４０点伸びました。

繰り返しになるんですけど、ほんとうに周りの人たちがめちゃくちゃ頑張っていて、先生方もすごい情熱で私たちに教えてくれるので、すごく感化されるんです。みんな、その根底には主への信仰心があって、それが原動力になって頑張れているのかなと思います。自分のためだけに頑張ると、途中で何かあったときに頑張れなくなることもあると思うんですけど、「ほんとうに世界に主の教えを伝えたい」って思っていると、すごく頑張れるのかなと思います。

黒川　国際コースの皆さんと国際交流室の教員陣の熱い思いが伝わってきます。

「まだ見ぬ海外の人々に愛を届けたい」と行動するＨＳＵ生たち

貴伝名　また、海外に行っている人が多いですね。現地で伝道活動をしたり、セミナーを開いて英語で説法をしたり、実際に、学んだことを英語で発信できるっていうのは、すごいなって思います。

黒川　行動力がありますよね。キャンピングカーでアメリカを横断《おうだん》しながら幸福の科学の映画のＰＲや献本《けんぽん》をしたり、トロントで大献本やセミナー開催をサポートしたり、この間も、タイでしたっけ。

貴伝名　そうですね。タイに学生11人で行って、１週間で１万冊以上、真理の書籍や冊子を献本してきたって聞きました。

黒川　すごいですね。

貴伝名　そこで開いたセミナーに参加した方の中から、入会者が出たそうです。ほんとうに伝道につながる学びが生かされているんだなと思います。

黒川　国際教養や国際情勢の授業についてはどうですか？

貴伝名　はい。「国際教養概論」という授業があるのですが、高校までは知識として知っていた世界のことが、点と点がつながるように大きな流れが見えるようになっていくのがすごくおもしろくって。たとえば今、世界で起きているニュースに対しても、「こういう事件が起こるのは、背景にこういうことがあるからなんだ」っていうことがわかったりして、世界のことがいろいろわかるので楽しいです。

黒川　大学教育の中には、「幅広く深い教養」っていうものがあるのですが、まさに国際コースの国際教養科目も「生きた学問」として幅広く深い教養を学べますね。単に語学だけを学ぶのではなく、中身をしっかりつくることで将来、世界のトップレベルの人たちに伝道したり、仕事の場で交渉したり、そういうことができるような人間を総合的に育てているのも国際コースの魅力ですね。

貴伝名　はい。日本に住んでいると、なかなか海外のことに関心を持つこともなく、あまり関係がないって思いがちなんですけど、授業の中で「国際人としての目覚め」というのを学んでいて。

久保　「心の指針」(※)ですよね。

貴伝名　はい。そこに、こういう教えがあります。

「人間にとって一番淋《さび》しいことは、他人《ひと》から関心を持たれなくなることだ。(中略)しかし心に刻んでおいてほしい。この地球上には、あなたに関心を持たれることなく生きている人々が、数限りなくいるということを。だから、国際人として目覚めるということが、あなたの知らない人々を愛する始まりとなるのだ」(『信仰と人間　心の指針　第十一集』より)

だから、関心を持つことが、愛の器でもあるっていうことをこの「心の指針」で

※「心の指針」……　大川隆法総裁が月刊「幸福の科学」で毎月発表している詩篇《しへん》。

は教えてもらえて。自分には関係ないように思える人に対しても関心を持つことが、「与える愛の第一歩」になるというか。

まだ見ぬ人たちに伝えるためにも、今、私たちが頑張らなきゃいけないし、国際コースの人たちの頑張る力になっているんじゃないかな。

黒川　授業では、ほかにどんなことを教わるんですか？

貴伝名　松本摩耶《まや》アソシエイト・プロ

HSU生のTOEIC試験成果

■高得点者

990点満点	7人
900点突破	45人
730点突破	198人（HSU全体の14%）

■全国平均との比較

HSU第２期生	545点
全国大学４年生	522点

（2018年度平均。全国大学は、希望者のみが受験）

■伸び率

600点以上	1人
500点以上	5人
400点以上	24人
300点以上	73人
200点以上	221人
100点以上	540人（HSU全体の42%）

フェッサーの授業だと、「なぜ英語を勉強するのか」というところを繰り返し教えてくださいます。「こんなに信仰心の篤《あつ》い英語の授業があるのか」っていうくらい、情熱がこもっているんです。

ほんとうに自分のためを思って叱ってくれる恩師に出会えた

黒川　ありがとうございます。それでは、次に遠藤くん、未来産業学部の天才教育の内容について語っていただけますか。

遠藤　はい。未来産業学部は、「理系科目の勉強」と「教学科目の勉強」の二つのベースがあります。ほかの大学でもやっているような「理系科目」の習得は、やはり外せません。

その中で、未来産業学部の一番の魅力は実は、授業以外の研究室にあると思っているんです。さきほども少し話したのですが、先生方が信仰者なのが一番ありがたい。学生が、すごい大口叩《おおぐちたた》いても、まずはオッケーを出してくれるんです。「こういうことがやりたい」っていうと、「じゃあ、やってみなよ！」と。

黒川　夢を肯定してくれるんですね。

遠藤　本気でやりたいって思っていたら、先生方は本気でサポートしてくれるんです、どこまでも。「どうしたら、それをほんとうにできるのか」を示して、やらせてくれる。はじめから「君じゃだめだよ」って言われることが絶対ないんです。

僕の友人で「小型核融合炉《こがたかくゆうごうろ》の研究をやりたい」って言っている子がいました。その子は、特に勉強面で目立っているわけでもなく、どっちかっていうといじられキャラだったので、学生たちはみんな「何言ってんだよ（笑）」みたいな感じだったんですけど、研究室の大川博司先生は、「ぜひやってみよう」って本気にしてくださっていて。それからずっとコツコツやってきて、今ちょうど、核融合炉の機械を完成させて、実験段階に入っています(※)。ゼロから創り上げた彼も尊敬しているのですが、学生の可能性を信じ、伸ばしてくださる大川先生もすごいなと感じています。大川研究室には所属している学生も多く、魅力ある研究がたくさんあるんですよ。

黒川　すごいですね。

遠藤　僕自身は佐鳥《さとり》先生の研究室にいるのですが、ここで恩師《おんし》に出会えたのがターニングポイントでした。佐鳥先生、すごく厳しいんですよね。でも優しいんです。たとえば、「なんか、これ調べたんですけど出てきません」って言いに行くと、めちゃめちゃ怒られる……。

※正式には「慣性静電閉じ込め核融合（ＩＥＣＦ）の研究」。未来の安全なエネルギー源のために、研究用卓上型実験炉（東工大方式）で研究中。治療などに応用する中性子発生装置としての実用化も目指している。

一同　（笑）。

遠藤　「君は研究をなめてる。何もしていないでしょう。出直してきなさい」みたいに怒られるんです。でも、その数日後には、「遠藤くん、おいしいラーメン屋を見つけたので」と地図を渡されたりして（笑）。

ほんとうに、「行為」を見て叱ってくださって、「人」を嫌わないで愛してくれるというか。僕はそういう人にはじめて出会ったんです。怒られてもそのあとの人間関係がぎくしゃくしないっていう経験がはじめてで、「ほんとうに先生方って、僕たち学生のことを思ってくれていて、応援してくれているんだな」って思ったときに、「もっと頑張ろう」って強く思いましたね。

黒川　そうなんですね。遠藤くんの将来の夢ってなんですか？

遠藤　僕は卒業後、HSUアドバンストコースに進学を決めました。世間一般でいう大学院に当たるところです。

アドバンストコースに進む人たちはみんな、自分の研究テーマを持っていて、僕は今やっている「心の計測化」をテーマにやろうとしています。今、ある企業と共同研究をしていて、「ストレスを診断する」っていうスマホアプリの実装段階に入ろうとしているところです。その精度を上げて、ゆくゆくはその方向で起業する一員になりたいなと思っています。

そして、僕の一番の夢は、HSUアドバンストコースの先にある研究所を建てることです。アドバンストコースの人たちって結構、個性が強いので、「自分の研究テーマは譲《ゆず》りたくない」「でも起業したい」「でも起業は一人ではできない」っていうジレンマを抱《かか》えていて。だから、研究成果を形にできた人たちがその研究所に所属し、自分のつくった製品とかを世の中に売り出していけるような形にしていきたいと思っています。

僕がそういう研究所を建てれば、今後、未来産業学部に入ってくる人たちの就職先の一つにもなると思うし。やっぱり、理系の人たちは、就活にエネルギーを使い過ぎずに研究に集中してほしいんです。だから、ＨＳＵ生の間は研究と、教学と、英語などの勉強に集中して、その後、研究を深めていき、社会に貢献《こうけん》していけるような環境をつくる手助けができればなと思っています。

黒川　すばらしいですね。研究するだけではなく、そうした起業家精神を身につけていけるっていうのは、ＨＳＵならではだと感じます。こうした「夢を肯定する」文化も、天才を輩出するぞという教員陣の意気込みの表れなのかもしれませんね。

経営〝成功〟学部とは、「真剣勝負だぞ」ということ

黒川　では、続いて山中くんのほうから、経営成功学部の魅力についてお話しいただけますか。

山中　わかりました。僕はそもそも、「経営成功」っていう名前自体がすごく魅力的だと思っていまして、僕が経営成功学部に入ったのも、まず名前を見て、「かっこいいな」と思ったからなんです。ほかの大学だと「経営学部」なのですが、「経営〝成功〟」ってついているのがすごいなって。

この「経営成功」っていう名前に込められた意味なんですけど、これは一言で言うと、「結果責任を負った真剣勝負だぞ」っていうことなんです。「真剣」で勝負すると、一度斬られたら終わりじゃないですか。それと一緒で、起業して会社をつく

ったら従業員がいるし、大会社の経営者になったりしたら何十万人と社員を抱えることもあり得ますが、倒産したら終わり、っていう。その社員何十万人に迷惑をかけるかもってなると、ほんとうに「真剣勝負そのものなんだぞ」っていうことなのかなと思いますね。

だから、その学部名からして、責任を負っているんです。名前に込められた責任感みたいなのがあって、そこが最大の魅力かなって思います。まあ、「十割バッター」を目指しているっていうことですね。

そこで何を学んでいるかっていうと、おもに「人間学」と「採算学」の二本柱です。「採算学」は、会計や簿記《ぼき》、財務といったリアリスティックな実現可能性を詰めるための学びで。

黒川　大事ですね。

山中　そうですね。ここら辺は、他大学の経営学部でも学ぶと思うんですけど。でもやっぱり、経営成功学部の一番の売りは、「人間学」を学べるところかなって思います。人間学とは簡単に言えば、「どういう哲学でもって経営するか」っていうことです。

たとえば、経営成功学部では「顧客第一主義」について深く教わります。ある経営者にお話を聞いたきにも、「『相手のため』を超えて、『相手の立場に立って』経営する」ことの大事さをすごくおっしゃっていたので、「実際の現場でも、ほんとうにその通りなんだな」と感じました。

こういうことを学んでいると、「宗教」と「経営」って、根本においてすごく似ているところがあると思うんです。松下幸之助さんも生前、天理教を視察されて、ミッション経営の大切さに気づいたっていうエピソードもありますけど。

黒川　はい。「最高の経営は、最高の宗教と一致する」という教えもありますね。

山中　そうなんです。経営は、「顧客の幸福のため」っていう愛の思いを大事にする。宗教も、「全人類を救済したい」っていう愛の思いから活動する。だから、この「利他《りた》」の思いのところが、宗教と経営でぴったり重なるんです。経営成功学部で学んでいると、ほんとうに自分のことより、誰かを幸せにしたいっていう気持ちがすごく強まってくるなと感じています。

Ｐ・Ｆ・ドラッカーは、「企業を超える組織は軍隊である。軍隊を超える組織は宗教である」とおっしゃっていますけど、やはり、宗教系の学校で経営成功学を学ぶっていうのはほんとうに、社会に出てものすごい強みとなって、生かされてくるんじゃないかと思っています。

ＨＳＵ祭で出展し、企画部門で優勝

黒川　すごく魅力が伝わってきました。

一般の大学の経営学部だと、経営分析などの授業はありますが、ＨＳＵでは経営分析はもちろん、さらに、実際の生きた経営を学べる機会も多いですよね。

山中　はい。夏休みや春休みには、経営者の方々がこられて集中講義をしてくださるので、生きた経営の智慧《ちえ》を学べます。また、「サクセスプロジェクト」といって、実際の企業が抱えている問題に対して新しい提案をするっていうカリキュラムがあります。それを通して、「やっぱり経営って、実践しないとほんとうの意味ではわからないんだな」と身に染みて感じさせていただきました。

また、僕は学生部のリーダーやサークルの代表をやっていたとき、経営成功学部で学んだ内容がすごく生きているなって感じました。それから、「真実の歴史博物館」をやったのも、実践になりました。

黒川　ああ、ＨＳＵ祭の企画部門で１位になったものですね。

山中　はい。歴史が好きなので、歴史で学んだことと経営で学んだことを融合してみたいなと思って、２年生、３年生のＨＳＵ祭でやらせていただきました。当日は、来館者の方にはお金もいただいて。

黒川　黒字になりましたか？

山中　はい。黒字でした。２万円で教室一つを使って博物館をつくったんですけど。

黒川　あれって2万円でできるんですか？

山中　（笑）。それで、入場料を一人１００円ずついただいて、7万何千円か……。

黒川　それはすごいですね。学園祭の展示で入場料をいただいて、入場者７００人以上ですか。

山中　そうですね。たくさんの方が入館してくださって。それも、経営成功学部で学んだことがすごい生きてたんです。この博物館をやるのに、本格的な準備に半年かけたのですが、その半年間を振り返ってみると、ほとんど自分のことを考えてなかったなって。

経営成功学部では、「商売繁盛《はんじょう》のコツは、感動を与えることである」って学ぶんですけど、僕、半年間ずーっと「この博物館にきてくれた人を感動させたい。涙を流すくらいの感動を与えたい」って考えていて。

黒川　なるほど。

山中　お金を稼《かせ》ぐよりまずは、感動を与えたいっていうことを中心に据えて半年間やっていたんです。そうしたら、入館してくれた人が「100円じゃ安いよ」って言ってくださるぐらい喜んでくれて。「思いからすべては始まるんだ」っていうことがわかりました。「感動を与えたい」っていう思いを半年間持ち続けたことが、成功につながったんじゃないかなって感じています。

黒川　なるほど。HSU祭での「真実の歴史博物館」の大きな反響の裏には、そういった経営成功学の学びと実践があったんですね。

「次世代の〝ビル・ゲイツ〟や〝スティーブ・ジョブズ〟になりたい」

黒川　山中くんは、卒業後は出家されるんですよね。なぜ経営成功学部から、出家を志すに至ったのでしょうか。

山中　確かに、出家というと経営成功っぽくないですね（笑）。やっぱり、神様が頂《ちょう》におられる組織ということが、最大の魅力だなって思いましたし、神様が創られた組織に入り、経営成功学部で学んだ知識を生かしてその組織を世界一の組織にしたいなと思ったからです。

経営成功学部には、「次世代の〝ビル・ゲイツ〟や〝スティーブ・ジョブズ〟を育てる」っていう指針を与えられていますが、自分自身が幸福の科学に入って発展させることで、次世代の〝ビル・ゲイツ〟や〝スティーブ・ジョブズ〟になりたいなという強い思いを持っています。
　また、僕の将来の夢なんですけど、幸福の科学のテーマパークが創りたいんです。

黒川　テーマパーク！

山中　幸福の科学の教えを言葉だけで聞いても、なかなか実感が湧《わ》かない人っているると思うんです。たとえば、「あの世には４次元があって、５次元があって、９次元まであって……」って説明されても、パッとわからない人もたくさんいると思うので、そういう教えをこの地上で表現して、体験できるような空間を創りたいんです。すべての人は天上界から生まれてきているので、その空間に入ったら、「ああ、懐かしいな」とか、天国を感じられるような。
　それを一言で言うと「テーマパークを創りたい」ってなるんですけど、あと、「信仰」と「エンターテイメント」を融合したいなって思っていて。

黒川　ユニークな発想ですね。

山中　そこでも、絶対に経営成功学部で学んだ知識が生かされてくると思うんですよ。こういう夢を語れるのも、リーダーをやったり文化祭をやったりして成功経験を積めたのも、すべては経営成功学部に入ったおかげだな、ほんとうに経営成功学部に入って良かったなってひしひしと感じております。

黒川　そういう意味では、ビジネスにおいてももちろんですが、組織を動かしていく「マネジメント力」あるいは「帝王学」のところは、出家しても生かされていくと思うし、これまでにないニュータイプの出家者として頑張っていただきたいです。

幸福の科学は「永遠のベンチャー」だと大川総裁からは教わっています。そういう起業家精神、ベンチャー精神を生かして、幸福の科学の発展に寄与《きよ》されるのではないかなと思っておりますので、頑張ってください。

「未来」を「創造」するための学部とは？

黒川　それでは久保さん、未来創造学部の体験について、教えてください。

久保　はい。未来創造学部はたぶん、ＨＳＵの中でも一番個性が強い子が集まっているんじゃないかなって思うんですけど（笑）。

ほかの大学と違うなって思うのは、やっぱり、「芸能」と「政治」が合体しているところにあると思うんです。今、幸福の科学では芸能部門で映画をつくっていますし、世の中を変えていくには、両方とも外せないものです。

私、勝手に、未来創造学部は幸福の科学の中で「剣《けん》」と「盾《たて》」にならなきゃいけないと思っているんです。というのも、「宗教」と「世の中」の接触面積が一番大きいところだからです。

幸福の科学で私たちは心の幸福について学んでいますが、ほんとうに世界の人たちを救いたいと思ったら、それだけじゃだめで。だから、総裁先生が「未来創造学部」をつくられたのは、「世の中の人々を一人残らず幸せにしたい」と思っている証明でもあると思うんです。

芸能・クリエーター部門専攻コースの人たちの中には、オーディションを受けて仕事をつかんでいる人もたくさんいますし、政治・ジャーナリズム専攻コースの人たちも、言論活動などを始めています。東京キャンパス自体が劇場の役割も持っていますので、劇団や映画上映も頻繁《ひんぱん》に行っています。実践と学びが一体になった学部です。

黒川　未来創造学部の教員にも多彩な方がいらっしゃいますね。

久保　そうですね。有名なジャーナリストの方や、政治家、官僚、自衛隊などで経験豊富な方、幸福の科学の信者ではないけれどもＨＳＵの教育理念に賛同して教えにきてくださる方もたくさんいます。そういう意味で、新しい視点を得られる授業も多いです。

黒川　久保さんはジャーナリズムにも興味がおありだと思いますが、そういう授業についてはどうですか？

久保　はい。たとえば、「編集ライター実習」という授業では、実際に記事を書きます。毎週1本、記事を書いていって、それを添削《てんさく》してもらうんです。ほかにも、自分が書いたことのない小説とか、ルポとかにも挑戦します。

こんなふうにとても幅広く学ぶので、未来創造学部はオールマイティーだと言えるかもしれません。「人間幸福学部」では人間を幸福にするための方法を学び、「経営成功学部」は企業を繁栄させることで国家を富《と》ませる使命がある。「未来産業学部」は新しい技術などで人々の生活を良くする。「未来創造学部」の人は、そういうのをすべて知っていなければ、政治家としての場面や、芸能・芸術の現場で成り立たないと思うんです。たとえば、未来産業学部の方々が頑張って研究している新技術について政治家がその価値をきちんと理解していないと、せっかくの技術をだめにしてしまうこともあると思うんですよ。

黒川　ある意味で、政治・ジャーナリズムから、芸能・クリエーター部門まで、トータルで新文明をつくっていこうという思いが「未来創造」という名前に込められているように思います。

ところで、「政治・ジャーナリズム」と「芸能・クリエーター」はどのようにうまく融合しているのでしょうか。

久保　それはもう。政治・ジャーナリズムの人も演技の授業を受けますし、日舞《にちぶ》や発声、ファッションを学ぶ授業もあります。撮影や映像制作の授業もあります。それは、たとえば政治家を目指している方なら人の心をつかむためには必須ですし、ジャーナリストとして世の中に影響力のある言論活動をしようとしても必要な知識です。

逆に芸能・クリエーターの人も、政治系の授業を取ります。というのも、たとえば今、ハリウッドでは中国の覇権主義によるロビー活動とか、プロパガンダとかが行われて、作品をつくる人たちも知らず知らずのうちに政治利用されていることってあると思うんです。その人たちに悪気《わるぎ》がなくても、もし、結果として悪を押し広げる方向の作品をつくってそれを流行《はや》らせてしまったら、やっぱり無知は悪になるというか……。

だから、芸能に携《たずさ》わっていく人たちも、やはり政治や言論について知識を持っていることはすごく重要だと思います。

黒川　そうですね。どちらのコースも、多くの人の心をつかむ力、多くの人に影響を与える力が必要ですよね。「感化力」「影響力」のある人となるというところで両コースはつながっているということですね。

皆さんありがとうございました。各学部の魅力が読者の方にも伝わったのではないかと思います。

4．充実した課外活動と寮生活

「真実の歴史」を伝えたい

黒川　ここからは、皆さんの課外活動や学校生活全般についてうかがっていきますね。

さきほど山中くんは、ＨＳＵ祭で展示を成功させた話をしてくださいましたが、そもそもなぜ、「真実の歴史博物館」をやることにしたんですか？

山中　僕、もともと高校のときは理系だったんですけど。

一同　ええっ⁉

山中　（笑）。高校では歴史とか学んだことなかったのですが、ＨＳＵに入ってすぐの頃に、渡部昇一先生の『世界史に躍り出た日本』っていう本を読んだんです。そのとき、経典以外の本を読んではじめて感動してしまって、身体がムズムズしてきて、「なんかこれすごい伝えたい」って思ったんです。それで、「学祭があるから、そこで出しちゃえ」って。

もともと僕は、芸術性とか創造性が自分の取り柄《え》だと思っていたので、「明治維新」から「大東亜戦争」までの日本人の歩みを、教室の空間を使って表現しちゃおう！と、２年次の学祭に向けて準備を始めました。

それまでは僕自身、歴史認識の問題になっているところを知らなかったんですけど、この本を読んで、「日本ってめっちゃいい国じゃん」って思って。「今まで歴史を学んでこなかった〝歴史においてピュア〟な人間だからこそ、学んだことを伝えなきゃいけないんじゃないか」って思いました。そんな感じで学祭に出展させていただいたら、思いのほか喜んでいただけて、学祭の企画部門で1位を取らせていただけて。それで、「やっぱり、日本の歴史に誇《ほこ》りを取り戻したい」って改めてそのとき決意し、「日本を救う!」っていう使命感を持って、いろいろな活動をさせていただいたわけです。

黒川　展示内容も、ものすごく調べた上でつくっていましたよね。明治時代の新聞とか……。

山中　そうですね。国会図書館などに足を運んで、当時の新聞記事を全部調べました。たとえば南京大虐殺《ナンキンだいぎゃくさつ》のような、日本兵が虐殺を行ったという記事が当時あったのかとか、一日ごとに全部見て……。

黒川　歴史研究家のようですね。

山中　そしたら、「そんな記事ないじゃん！」って。代わりに「通州事件」っていう、中国人が日本人を虐殺した記事が見つかってもう、手が震《ふる》えちゃって（笑）。「どんだけ歴史観がねじ曲がってるのか」っていうのを自分の目で確かめたんです。

黒川　中国兵が日本人を虐殺したという通州事件は歴史に埋もれていますよね。

遠藤　何冊くらい関連書籍を読んだんですか？

山中　３００冊くらいかな。といっても、１年くらいかけてなんですけど。

黒川　すごいですね。ＨＳＵ祭後は、何か活動をされたんですか？

山中　はい。「真実の歴史博物館」をＨＳＵ内だけじゃなくて、千葉県のある一般会場でさせていただいたり、幸福の科学学園の学園祭にも出展させてもらったり、いろいろなところで出張開催しました。

千葉県のある市でやったときは、市長さんがきてくださって、そこでついでに、幸福の科学大学認可に向けての署名《しょめい》を……。

黒川　してもらったの⁉　それはすごい（笑）。

山中　幸福の科学学園で出展したときは、ほかの大学の学生もきてくれて、「めちゃくちゃ感動したから、連絡先交換しない？」って感じで友人になれた人も結構いました。「やっぱりみんな、真実を知ったら感動しちゃうんだな」って思いました。

「ＨＳＵ生は世界に必要とされている」と感じたできごと

黒川　そうした愛国心から「ＨＳＵ愛国サークル」の代表もされていましたね。

山中　はい。愛国サークルでもいろいろなイベントをやったのですが、印象に残っているのが皇居《こうきょ》の勤労奉仕《きんろうほうし》に参加したことです。「ＨＳＵ愛国サークル」で申し込んだら、抽選の結果、参加できることになり、４日間にわたって皇居のお掃除《そうじ》をさせていただきました。その中で当時の天皇陛下《へいか》・皇后《こうごう》陛下とお話しさせていただける機会があって、僕は愛国サークルの代表としてお話しをさせていただきました。

黒川　どんなお話しをしたんですか？

山中　「僕たちは、幸福の科学のつくったハッピー・サイエンス・ユニバーシティという学校に通っております。この国に、宗教立国と祭政一致を実現させるために、熱く元気に活動させていただいております。具体的には、この、世界一誇り高い日本の歴史を伝えるために、日々、部員と一緒に活動しています」みたいなことを言わせていただきました。すると、天皇陛下と皇后陛下が深々と頭を下げられて……。

黒川　すばらしい……（拍手）。

山中　「ほんとうにありがとう」とおっしゃって。僕の後ろにいた愛国サークルのメンバーはみんな、号泣《ごうきゅう》していました。それで、「必ずやこの国を世界一の国にしてまいります」とお誓いしました。

勤労奉仕の最終日に、参加していた6団体それぞれに天皇陛下からお品物をいただく機会があったんですけど、僕たち「ＨＳＵ愛国サークル」だけに、天皇陛下の御言葉集をいただけて。「未来を担う若者には一番期待しているので」っていうことで全部で6、7冊くらい……僕、重過ぎて持てなかったぐらい。

黒川　それはすごいですね。

山中　その上、最後に、6団体のリーダーでじゃんけんして、天皇陛下のもとで「万歳三唱《ばんざいさんしょう》」をするというイベントがありまして。そしたら僕、じゃんけんで勝っちゃって（笑）。

一同　（笑）。

山中　天皇陛下の前で万歳三唱をさせていただきました。すると、終わってから、他団体の方がダーッと僕たちのほうに集まってこられて、「ほんとうに感動したよ」

「君にじゃんけんで負けて良かったよ」って。

黒川　そうとう感動したんですね！（笑）

山中　「君が話していた内容が一番しっかりしていたし、ほんとうに日本を任せたよ」って言ってくださったんです。

僕が天皇陛下にお話しした内容は、すべて、幸福の科学の教えをそのまま言っただけなんです。けど、そのとき改めて気づいたのは、「ああ、ほんとうに幸福の科学の教えや、ＨＳＵ生って、一般の方々からも必要とされているんだな。この国に絶対なくてはならない存在なんだな」ということでした。やはり、ＨＳＵ生こそが、日本を救わなきゃいけないなっていう決意が固まったというか……。

一同　（拍手）。

黒川　すばらしいですね（拍手）。ＨＳＵ生の姿が、感動を与えたんですね。

それで、愛国サークルがきっかけで、終戦の日に、靖国《やすくに》神社前でリバティの献本《けんぽん》活動をするようになったんですか？

山中　靖国神社での活動は、愛国サークルではなく学生部のほうでして。僕、ＨＳＵ学生部で副学生部長をさせていただいていたんですけど、毎年8月15日の終戦記念日に、日本のすばらしさを実感できるような幸福の科学の経典《きょうてん》や霊言《れいげん》などを、参拝者の方々にお勧めさせていただく活動をしています。今年参加してくれた学生は、百数十人かな？

安藤　1万冊くらい献本したんですよね。

山中　そうですね。

黒川　その1万冊の経典やリバティはどうやって用意したんですか?

山中　全国の信者の皆さまにお電話をさせていただいて、「よろしければ、ご協力いただけないでしょうか」とお願いしました。1万冊を目標にして。

黒川　それで、1万冊をお届けし切ったんですね。そのとき、靖国神社に参拝されていた皆さんの反応はどうでしたか?

山中　それはもう、8月15日が一番反応のいい日でして（笑）。大体の方が、「幸福の科学でしょ？　応援しているよ」とか、「幸福の科学は政治でも良いこと言ってるよね。俺もほんとうにその通りだと思うよ」「学生は未来を担っているんだから、君たちで日本の歴史観をなんとかしてくれよ」などと言ってくれました。やはりこういう活動一つ取っても、日本の未来はＨＳＵ生にかかっているんだな、ＨＳＵ生はこの日本に、世界に必要とされているんだなって感じます。

黒川　やはり、ＨＳＵ生が日本のため、世界のためと思って活動している姿が、信者ではない方にとっても感動を呼ぶんですね。こういう話を聞くと、ほんとうにすばらしい学生が育ってくれているなっていう手ごたえを私も感じられます。

ＨＳＵ新聞「天使の梯子《はしご》」を通じて国論を変えたい

黒川　次に、久保さんは今、新聞部の部長をされているんですよね。

久保　はい。ＨＳＵ新聞「天使の梯子《はしご》」は、総裁先生の御言葉から始まりました。長生村の大自然の中にあるＨＳＵにおいて、学生がきちんとニュースを読んで、世《せ》間解《けんげ》（※）を身につけるっていうのが創立当初の目的にあって。

黒川　ＨＳＵ新聞「天使の梯子」を通じて、どんなふうに世の中の役に立ちたいとかありますか？

久保　「天使の梯子」っていう名前は初代編集長の先輩がつけられたんですけど、そこに込められた思いとしては、「天上界と地上をつなげる梯子になる」というのがあり、私の中では、それがしっくりきています。野望を語ったらいっぱいあるんですけど……（笑）。

※世間解……　世間に対する深い理解。

黒川　野望があるんですね（笑）。

久保　一番は、「主エル・カンターレの伝道の武器になりたい」と思っています。ＨＳＵ新聞「天使の梯子」を通じて日本の国論を変えたいですし、ＨＳＵ新聞で起業してＨＳＵ生が就職する先をつくりたいとも思っています。

新聞部では毎週、近隣《きんりん》のお宅をまわって新聞を販売しています。一部50円なんですけど、この新聞、近所の方にも評判がいいんです。

キャンパス周辺のお宅をうかがって販売していた際に、以前買ってくださった方から、「ずっと待ってたんだよ」と言われたこともあります。

私は、この新聞部の活動に情熱を注いでいるうちに、「主からいただいたこの新聞を使って、主のお役に立ちたい」っていう気持ちがすごく、すごく強くなっていきました。やっぱり、ＨＳＵ新聞「天使の梯子」の支店を日本全国につくって皆さ

ＨＳＵのおもな課外活動（一部）

作務《さむ》サークル

HSU校内の清掃活動に加え、海岸や地域の公園などの清掃も行う。

HSU合唱団 El Harmony《エルハーモニー》

ＨＳＵ祭や大講演会など、様々な行事に華を添える。全日本合唱コンクールにも毎年出場。

HSU学生部

幸福の科学教学の学びを深めるイベントや伝道活動などを幅広く行う。

HSU龍馬隊

よさこいチーム。「日本ど真ん中まつり」などイベント参加のほか、老人ホームへの慰問など、地域に根差した活動も積極的に行う。

※ほかにも様々な部活・サークルがあります。

んに読んでもらえるようにしたいし、全世界にも支店をつくり、地球全体で読んでもらえるような新しい新聞をつくりたい。

黒川　いいじゃないですか！　壮大なジャーナリズム改革ですね。真実を伝え、天上界と地上をつなぐジャーナリズムをぜひ実現していただきたいです。ありがとうございました。

台風15号災害ボランティアに参加

黒川　さて、遠藤くんは何か活動をされていますか？

遠藤　僕は最近、台風15号（※）で被害を受けた千葉県南部で、ボランティア活動を

※台風15号……　2019年9月9日未明に日本列島に上陸した非常に強い台風。千葉県を中心に大規模停電や交通の大幅な乱れなど、ライフラインに深刻な影響を及ぼした。

させていただいています。

一同　へえー！

遠藤　同期の友人に誘われて、車で片道2時間くらいかけて館山《たてやま》まで行っています。現地のボランティア団体の方に声をかけさせていただいて、ボランティア災害保険に加入した上で土のうづくり、家の中のお掃除、片づけ、ゴミ出しなどをさせていただいています。ＨＳＵでもグループをつくって呼びかけて、授業に支障のない日にみんなと通っています。

黒川　どのくらいボランティアの方がいましたか？

遠藤　僕が行ったところでは、台風の1週間後の3連休には250人くらいだったでしょうか。でも、人手《ひとで》は全然足りていませんでしたし、被災後1週間くらいではまだ役場も機能しておらず、全体の被害の把握《はあく》も難しいようでした。

黒川　そうなんですね。同じ千葉県内で今回は大きな被害が出ましたからね。

遠藤　そんな中で僕が印象的だなと思ったのが、県外からたくさんボランティアの方がきていたことです。「この地域の人たちにお世話になったから」とか、「自分が元被災者でほかの方に助けてもらったから」とおっしゃっていました。目に見えないものではあるけれども、愛を感じることができた人は、自分も誰かに愛を与えたいと思うようになるんだなとしみじみ感じました。

だから僕たちも、与える愛の実践をしていくことで、もっともっと神様の存在や神様の愛を伝えていけるんじゃないかと思います。

黒川　すばらしいですね。安全に配慮しながら頑張っていただきたいです。
　ほかにも遠藤くんはスポーツもされますよね？

遠藤　はい。毎年9月に「九十九里トライアスロン」が開催されるのですが、去年からＨＳＵも開催会場になっていまして。友人とグループをつくって参加しました。僕はマラソンで、ほかに水泳と、自転車があります。今年も出る予定です。

黒川　トライアスロンってすごくハードだと思うんですけど、去年は完走されたんですか？

遠藤　はい。いちおう、タイム的には4位でした。入賞すると表彰式もあるので、できれば今年は3位以内を狙いたいです。

黒川　ぜひ、頑張ってください！

英語の苦手な自分が、英語スピーチコンテストに出たわけ

黒川　さて、安藤さんは、英語のコンテストで活躍されていましたよね。その辺のお話をお願いできますか？

安藤　1年生のとき、HSU祭で行われる「ザ・ゴールデン・スター」っていう英語プレゼンテーションコンテストに参加しました。その頃、私は英語に対してすごく苦手意識を持っていたんですけど、なんかずっと、自分の中で課題意識が消えなくて、「いつも自分のとなりにいる英語さん」という感じで（笑）。

一同　（笑）。

安藤　人生に関わってくるんだろうなとは思いつつも、「英語やりたくない」「難しい」って逃げてたんです。でも、ＨＳＵに入ったら英語が週４コマあって（笑）。

黒川　普通の大学の倍ありますからね（笑）。

安藤　授業を受けているうちに、やっぱり英語ができるようになりたいなあっていう思いに気づくことができて。それで、１年生のときに「英会話ベラベラ祈願」を受けたんです。〝ジョーンさん〟（松本泰典《やすのり》プロフェッサーの英語の愛称）が導師をされていて。そうしたら、なんで英語が怖くなったのか、自分の中のトラウマを思い出すことができたんですよ。

一同　へえ〜。

安藤　昔、お世話になっていた英会話の先生が病気で亡くなってしまったんですね。私は、その先生が病気の中、無理して開いてくれた最後の英語発表会で、スピーチ中、真っ白になっちゃったんですよ。

黒川　うんうん。

安藤　それで、後日、その先生が病気で教室を閉められたって聞いて、すごく後悔したんですね。私、「きっと大丈夫だろう」って慢心《まんしん》していて本番で失敗してしまったから。

あと、高校時代に英語が決定的に嫌いになるできごともありました。私、英語の単語帳を開いて例文をつくるのが好きだったんですけど、例文をつくって先生に

「確認してくれませんか」って持って行ったら、「こんなことしても意味ない！」って怒られたんです。

一同　ええー。

安藤　そのことにショックを受けて、なんか英語怖いなって苦手意識が根づいてしまったんですね。

でも、祈願を受けて、それらのことを思い出して、もう一度英語に挑戦してみようって思えて。それで、ＨＳＵ祭で行われる「ザ・ゴールデン・スター」に参加を決めました。

テーマを考えたときにいろいろ検討したのですが、ふと思いついたのが、毘盧遮《びるしゃ》那仏《なぶつ》を再建したお坊さんの話でした。

黒川　ほー。

安藤　奈良の大仏で有名な「東大寺」が火事で燃えてしまったときに、のちに公慶《こうけい》と呼ばれるお坊さんが13歳のときでしたが、「絶対に再建させよう」って涙ながらに決意しました。彼は37歳のときに約7年間かけて勧進《かんじん》し、人々の信仰心を集めて国を動かし、誓いを果たしたんです。公慶は完成を待たずに亡くなってしまったんですけど、この方が日本でもあまり知られていなくて。

でも、奈良の大仏はエル・カンターレを表した毘盧遮那仏であることを幸福の科学でも教えられています。だから、この方のことを伝えよう！と決めました。「英語で仏教、いいじゃないか」ってそのときはポジティブになっていたんですけど。

本番前日にリハーサルをしたら、ほかの皆さんは「I can!」とか、やっぱりそういうスピーチが多くて、なんかすごく……。

黒川　場違い感が？

安藤　はい。リハーサル中にほかの人も、「え？」ってびっくりした顔をしていて、「やっぱりやめようかな」って弱気になってしまって。

でも、「やっぱりこの内容を伝えたい。未来にエル・カンターレがお生まれになる国の磁場《じば》をつくるために、努力した人がいたことをどうしても伝えたい。ほかの人がどんな発表をしたって、自分はこの内容でやるんだ」って腹をくくって本番を迎えました。

本番は、まったく緊張することなくスピーチできました。やり切った思いが強くて、結果発表にまであまり関心を持っていなかったんです。参加させていただいただけで、ほんとうに良かったなって。そうしたら「オーディエンス賞」や「最優秀賞」など合わせて4冠をいただけて……。

一同　（拍手）。

安藤　ほんとうにびっくりしました。さきほど話したフィリピンでの短期留学の話は、このときの副賞で行かせていただいたんですけど。

それでまた、「英語が苦手だと思っていたけど、自分にこんな力があったんだ。やったらできるんだ」と一つ自信になりました。

その後、ありがたいことに、新聞部の方が記事にしてくださったり、HSUのミニ冊子などで紹介してくださったりして。今年入学されたある1世会員の方と話したら、「僕、あの記事に勇気をもらって、今でも部屋に取ってあるんですよ」って言ってくれて。

一同　へー！

安藤　私の体験に勇気づけられたっていう人がいるのを知って、ほんとうにうれしかったです。勇気を出して良かったなって思いました。

黒川　良かったですね！

寮生活で一生ものの友達ができる

黒川　安藤さんは、寮長もされていましたよね。ここにいる皆さんは、今は第二学生寮か外部物件ですか？

一同　はい。

黒川　ＨＳＵでは1年次、第一学生寮で寮生活をするので、何かお話することがあれば、お願いします。

安藤　そうですね。寮って、いろんな方との出会いの場だと思うんですよ。私もいろいろな法友と寮で出会えたので。

一同　うんうん。

貴伝名　それは寮の最大の魅力かも知れません。学年や学部を超えてつながれるのはいいですよね。

久保　私も、入学したての頃は友達がいなかったんですけど、はじめての友達が隣の部屋の子でした。今でも同じブロックだったメンバーとは仲がいいです。

遠藤　僕も幸福の科学学園出身じゃなかったから、はじめ、知り合いがいなくて。那須本校出身の人たちとか、関西校出身の人たちはもともと仲いいから固まりがちでした。だから、寮で違う学部に友達が増えるっていうのはほんとうにありがたかったです。

貴伝名　ですよね。寮だといろんな人と仲良くなって、支え合ったりできるけど、一人暮らしになると、ほんとうに独りなので（笑）。

遠藤　寮のほんとうのありがたさって、外に出てからわかりますよね。

黒川　なるほど。

安藤　1年次は原則、全員寮に入るんですけど、そこで生活習慣の基盤《きばん》もできるんですよ。作務《さむ》(※)とか、お祈りとか。

久保　わかります。私も今一人暮らしですが、寮で作務の習慣がついたのですごく助かっています。

遠藤　僕も作務をしたことがなかったから、「こうやってやるんだよ」っていうところから教えてもらいました。洗濯の仕方とかも。ブロックの先輩方がおもしろい人ばかりだったので、いつも楽しみにしてましたね。生活リズムも整えられる。

黒川　HSUへの進学を検討している高校生で、寮生活に不安がある人もいるみたいですが……。

※作務……　掃除などを通して、心を磨く宗教修行のこと。

貴伝名　すべてそろっていて、冷蔵庫も机もベッドも自分で一からそろえなくてよかったので、新生活を始めるに当たってはありがたかったです。特に第一学生寮には、「幸福の科学 大学シリーズ」（※）経典《きょうてん》も一式そろえていただいているし。今考えたらほんとうにありがたかったなって。全部、読みたいときに読める。普通あり得ないことなので、すごい与えられていますね。

黒川　そうですね。

貴伝名　あと、寮には無料 Wi-Fi もありますし、個室で鍵がかかるので、ここは幸福の科学学園の寮との違いでしょうか。暮らしやすいと思います。

山中　僕、今は第二学生寮で、かれこれ寮生活10年目なんですけど。たぶん、寮生活最長じゃないかな、このＨＳＵ生の中では。

※幸福の科学 大学シリーズ……　大川隆法総裁が「幸福の科学大学」創立に向けて発刊された著書。内容は哲学から未来の産業まで多岐にわたる。2019年９月時点で、全95冊が刊行されている。

黒川　ああ、幸福の科学学園時代と合わせてですね。

山中　やっぱり寮生活の最大の魅力っていったら、僕みたいな適当な性格の人間が、実家に帰ったときに自分から食器洗いをするようになったことですかね。タオルを畳《たた》んだり、お米を炊《た》いたり。そういうのを自分からやろうってなったので、「寮生活のおかげで自律的な人間になれたのかな」って思います。友人のお母さんからもよく聞くんですよ。「あの○○が、帰ってくると食器を洗うのよ！」って。

一同　（笑）。

山中　あと、コミュニケーション能力が上がる。

一同　あー！

山中　中学、高校、ＨＳＵと、上がるにつれてコミュニケーション能力が上がっていますね。

貴伝名　特に第一学生寮は人間関係が家族みたいに近いからこそ、難しいこともあるんですけど、それもまた。

安藤　調和の仕方を学べますよね。支え合える仲間同士、人間関係力がつく。ここで出会った友人って、一生ものの可能性が高いですし。

黒川　なるほど。ＨＳＵにはいろいろな個性の人たちがいますから、多様な人たちと交流して学び合えるのはすばらしいですね。

バイトとかどうですか?

山中　僕は4年間で三つ経験しました。引っ越しと、旅館と、アパレル。だから、バイト探しやお金の面で困ったっていうのは、特になかったですね。通学時間も5分かからないから、その分、勉強やサークルに充《あ》てられますし。

黒川　久保さんたち未来創造学部の皆さんは、1年次だけ寮生活で、2年次からは東京キャンパス周辺で暮らしていますよね。

久保　ええ、もう私からしたら、「第一学生寮に住めるってほんとうにうらやましい!」っていう感じです。寮のブロックごとにお祈り部屋があって、エル・カンタ－レ像が各ブロックに2体ずつ御安置《ごあんち》されていて、歩いてピラミッド型礼拝堂に行けるなんて、東京に住んでいる身からしたらなんて贅沢《ぜいたく》な……。

一同　（笑）。

久保　寮に住んでいた頃は、「ほんとうに護《まも》られていた」っていう感じがすごくします。今が護られていないってわけじゃないのですが、やっぱり強靭《きょうじん》な習慣力がないと……。だから、寮にいる間にしっかりと朝型生活とか、毎日のお祈り、反省とか、身につけておいたほうがいいですよ！っていうことを切《せつ》に伝えたいです。

あと、東京キャンパスの学生は結構、ルームシェアしている人も多いです。

黒川　ありがとうございます。寮はほんとうに、自由の中で、「自立」と「規律を守る精神」のところが求められますよね。他人とのルールもあるので、そういうのを身につけていくのは社会人へのステップでもあると思います。

まさに精舎《しょうじゃ》のような宗教空間の中で暮らし、信仰生活を送ることが、精進《しょうじん》の心、ほんとうの信仰心を育てるのではないでしょうか。その意味で、この寮生活も、HSUでは、全人格教育の一環として考えています。

5．後輩へのメッセージ

黒川　最後に、まだＨＳＵに進学していない後輩たち、未来の菩薩《ぼさつ》たちにメッセージをいただければと思います。

安藤　ＨＳＵは、ほんとうに勉強の時間を含むすべての時間を、仏の御心に適《かな》っていることのために使えるところです。今世《こんぜ》、主に出会うまで、転生《てんしょう》のバトンをつないできてくださった皆さまの守護霊さまたちも絶対に喜ばれると思います。

長い転生の中で、ものすごく光り輝く瞬間をつかみ取るっていう選択だと思うので、迷われている方は絶対につかみ取っていただきたいです。大変なこ

とは確かにあるかもしれないですが、きて後悔は絶対にないと思います。死ぬときに自分の一生を振り返って、「ああ、ＨＳＵにいたときはほんとうに輝いてた。ほんとうに与えられていた。ほんとうに幸せな時間だった」ということがわかる日がくると確信しています。

そうした「美しい思い出」「キラッとした瞬間」を４年間でつくり上げることができるので、ぜひその機会をつかみ取って、ＨＳＵにきていただきたいなと思います。

貴伝名　休学から復帰して、より強く思うようになったことですが、「こんなにすばらしい学校はない」というのが私の実感です。毎日、幸せで仕方ないし、こんなにすばらしい授業が毎日受けられるところはここしかないと思います。

もし自分がＨＳＵではない一般の学校に行っていたとしても、確かに現在だけ見たら楽しいかもしれ

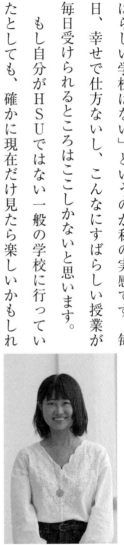

ません。でも、「来世《らいせ》、来来世《らいらいせ》まで考えたときに、今、真理の側《がわ》を選択しなければ絶対後悔する」と母に言われて以来、私の人生の座右《ざゆう》の銘《めい》は「永遠の後悔を残すことなかれ」という主の御言葉です。それに則《のっと》って今までいろんな選択をしてきました。

この世的な問題などいろいろあるかもしれないけど、絶対に選んだほうがいい道だと私は思う。ＨＳＵは、自分が学ぼうと思えば思うほど楽しい学校です。少しでも迷っているなら絶対にきてほしいです。

遠藤　かすかにでも信仰を感じているんだったら、絶対ＨＳＵを選んだほうがいいということをお伝えしたいです。

最初に高校の話をしたと思うんですけど、高校がそういう環境だったのは、自分がＨＳＵにくるための導きだったのかなあと思ってて。僕は高校受験のとき、幸福の科学学園という選択肢《し》はあったんですけど、「自分はみんなほど信仰心ないからやめとこう」と思ってたんですよね。HSUが建つと聞いても、最初は聞く耳を持たない感じでした。同じように、「自分は信仰心篤《あつ》くないから」という劣等感から幸福の科学学園やHSUを選ばない人もいると思うんですけど、そう思っている人であっても、まだ外側に表れてきていないだけだと思うことがあって。

以前、未来産業学部の同期たちと飲みに行ったとき、「みんな酔っ払ったら他人の悪口とか言い出すのかな」と思ったら、なんと懺悔《ざんげ》し始めて。

一同　（笑）。

遠藤　「こんなに勉強しないですいません」「こんなんじゃだめだ！」みたいなことを言い出したりとか、同じ研究室の人に「いつも自分は研究遅れててごめん」みた

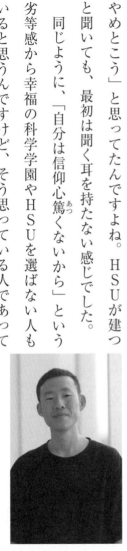

いなことＬＩＮＥで送り出したりして。それを見て、潜在的には「努力したい」という思いが絶対全員あるんだって感じました。だから、自分は信仰心が弱いと劣等感を感じている人でも、必ず根本には強い信仰心を持っていると思います。

僕も潜在的にはずっと信仰を持っていたので、一般の学校で唯物論的に「神はいない」と教わるときはけっこうつらかったし、あの世のこととか話したらばかにされるので話せませんでした。

ＨＳＵは自分の価値観・宗教観を自由に話せるところがほんとうにすばらしいし、きて良かったなと思ってます。

ＨＳＵの４年間でたくさんの法友をつくって、しっかり教学して独り立ちしたほうが、絶対に全世界に光を広める人になれると思います。だからかすかにでも信仰を感じるんだったら、迷わずＨＳＵにきたほうがいいなと僕は思います。

山中　後輩たちに絶対に外してもらいたくないことがあります。それは「この学校は神が創った唯一の学校だ」ということです。

絶対に、HSUに行かなかったことで後悔してもらいたくないです。

「HSUは認可をもらってないから学歴が高卒になるよね。それに宗教学校という偏見の目で見られるから就活とか困るんじゃないの」という親御さんや学園の後輩たちの声をよく聞きます。でも、先輩方は99％就職が決まっています。（※）

何より心がけてほしいのは、「幸福の科学を通してあなたが見られるのではなくて、あなたを通して幸福の科学が見られる」ということです。

学園生、信仰を持っている方にはぜひ、HSUに入ってきていただいて、自分を通して、自分の力によってこのHSUを、世界に認めてもらえる世界一の学校にしようと思ってもらいたいです。

※ p.152 図表参照。

久保　私自身、HSUで毎日過ごしていてほんとうに幸せです。ほかの大学に行っていたら、自分は今世の使命を果たせるのか自信はないし、少なくとも、とても遅れていたと思います。

皆さんは、天上界で主のお役に立つことを心から誓って「地上に行かせてください」と言って生まれてきたと思います。そうした中でHSUにこなかったらほんとうに後悔するということをお伝えしたいです。

主が創られた学校で主の法を学べることの奇跡を感じてほしい。

寮のことや認可のことなど、思うところはあると思います。でもそういったことを一回なしにして、「自分はなんのために生まれてきたのか」というところに立ち戻って、何を選択すべきかということを考えてほしいなと思っています。

黒川　ありがとうございました。私もあらためて、皆さんの成長を見てHSUを4年半続けてきて良かったと心から思っています。この4年半は、HSUの信仰教育、仏法真理による教育が、豊かな人間性を持ったすばらしい人材を生み出していくということを証明する4年半でもあったと思います。

本日、お一人おひとりの魂の成長と自己変革、すばらしい学業、研究、そしてチャレンジ精神あふれる行動を聞いて、まさに創立者である大川総裁の精神のもと、幸福の科学教学を通じた教育が日本や世界の未来を切り拓いていくんだということを感じさせていただきました。

また、英語力や各専門分野における学問を修めて、日本や世界のためにお役に立とうとする人材がこれから輩出されていくことも非常に楽しみです。

幸福の科学大学においても、「創造性」「チャレンジ精神」「未来へ貢献《こうけん》する心」「意見発信力」といった総合的な力を持って、日本や世界の未来を創造していく人材が輩出されていくことと思います。

これから教育革命の第一線として皆さんにも頑張っていただきたいと思います。以上で本日の対談を終了させていただきます。ありがとうございました。

一同 （拍手）。

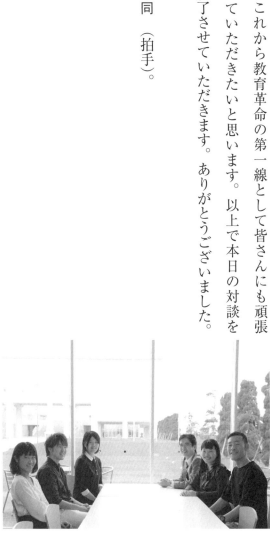

2019卒生　卒業後の進路について

就職内定者の内訳

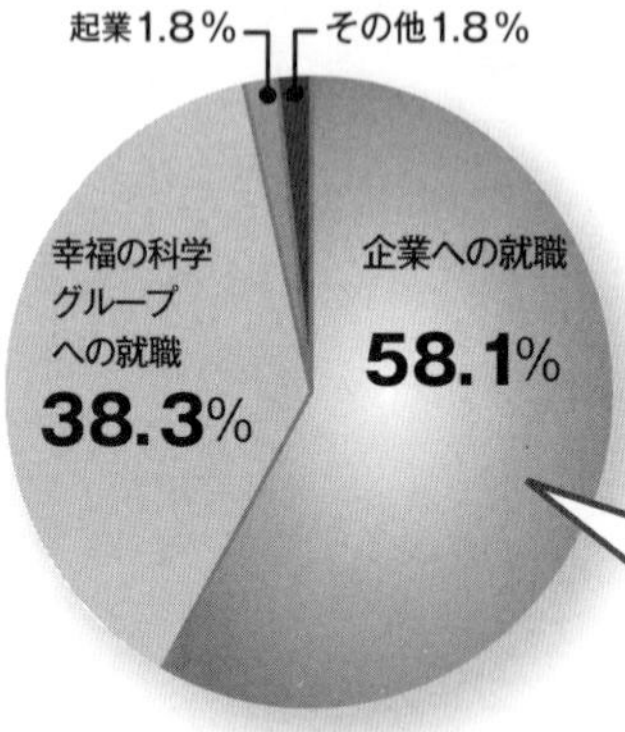

2019卒生
就職内定率
99%

うち
大卒扱い
97%
学歴種別なし
2%

（2019年３月時点、頭数）

【企業への就職：主な業種について】

ＩＴ産業、アパレル業、建築業、技術職、小売業、メーカー、物流業、レジャー産業、教育、国家公務員（一般職大卒程度枠）など多様な業種に就職が決まった。

※芸能事務所への所属や留学・進学する学生などは就職内定者から除外しています。

※ 2020年卒のＨＳＵ生への求人は、2019年卒と比べて、企業数で1.7倍、求人数で1.26倍に増えている。

第2章
HSUを卒業して
――卒業生インタビュー

1. 英語学習や学会発表の機会が、仕事に直結した

柳田大輝（やなぎだ・ひろき）　ＨＳＵ未来産業学部を２０１９年３月に卒業し、台湾系コンピューターメーカーに就職。９月、長生キャンパス・ピラミッド型礼拝堂で「ＨＳＵ発展大成功祈念植福」を奉納した。

就職活動では、努力以上の〝見返り〟をいただけた

現在、ＩoＴ化を進めるサービスを提供する会社で働いています。僕の場合、上司と一緒に、たとえば植物工場などを運営している企業に対して「こちらのシステムを使うと、こういうことができますよ」というふうに、ご提案します。今はまだ、案件を任せてもらえるレベルではないのですが、弊社《へいしゃ》の製品を使ってくださるお客様が増えればいいなと思って取り組んでいます。

具体的には、調べ物をしたり、資料を作成したり、イベントの運営をしたり、営

業プランの提案をしたりというマーケティングのような仕事なのですが、その内容は、アポイントメントを取ったり、メール対応や電話対応をしたりと、小さなところからの積み重ねです。

就職活動に関しては正直、自分の努力以上の見返りをいただいてしまったというか、予想以上にすばらしい会社に入れていただけて恐縮《きょうしゅく》しています（笑）。周りはスペックの高い人ばかりです。

また、オンとオフがハッキリしている会社なのがありがたいです。ほとんどの方が定時に退社されるし、休日はしっかり休めます。僕も、平日の夜や休日は幸福の科学の支部に行って御法話を拝聴したり、法友と活動したりして、信仰生活を充実させることができています。

学会発表の経験が役に立った

僕は未来産業学部で宇宙工学研究会に入っていたので、研究したことが今の仕事に直接つながっているわけではないんです。でも、学会発表させてもらう機会が1年次の頃から結構あったし、授業の発表など、ＨＳＵでは人前で話す機会が多いんですよね。だから、自分の言葉で表現する力が身についたと思うし、それが今の会社でもすごく役に立っています。

特に、英語の授業はすごく楽しかったし、役に立っています。本社が海外にあるので、本社とやりとりするときは英語なんです。ビジネスメールの書き方などはまだまだ勉強中ですが、それでも「学んだことがある」っていうのは大きいですね。

そして何より、心の教えを学べたことが生きています。仕事でつらいときって誰にでもあると思うんです。そういうときに、「なんでこういうことが起きたのかな」って反省したり、「次に生かそう」って前向きに考えられる力は、今、すごく役に立っています。

また、ＨＳＵ時代に、「何か困難が起こっても、きちんと解決する」っていう経験を積んできたので、仕事でも、「きっと解決の糸口はある」と思えて、深刻にとらえ過ぎずにいられます。

上司の時間を奪わない工夫が今の課題

学生時代って、自分中心に組み立てて時間を使っていられたんです。「お金がないからバイトしよう」とか、「テストの点数が足りなさそうだから勉強しよう」とか、ほとんどが自分の自由になって。でも、社会人になると、「自分のため」ではなく「誰かのために」っていう視点が大切になってきたと思います。「仕事ができる」っていうのは、自分中心じゃなくて、周りのために働いたり、時間を投資したりするっていうことかもしれないです。

上司に何か相談するときにも、「自分の疑問を解決したい」っていう気持ちが前に出過ぎると、時間を奪ってしまうんです。わかりづらい質問になってしまって、「それはつまり、こういうことですか？」って聞き返されてしまったり。また、会議をセッティングするにしても、目的を明確にして人を集めないと、雑談みたいになって、皆さんの時間を奪ってしまったり。だから、相手にわかりやすく伝えたり、時間を奪わない工夫をしたりすることも愛の実践だなと感じています。

また、「時間を守る」など基本的なことから、「これをしないとあの人が困るな」「これをやっておいたらあの人が喜ぶな」など、周りのことを心がけています。

まだまだ、わからないことや失敗もたくさんあるんですけど、大川隆法総裁先生は、そういう中で「耐えて耐えて耐え抜いて、道を拓いてください」と教えてくださっているし、ご自身の若い頃のご苦労も明かしてくださっています（２０１８年度卒業式での法話「道なき道を歩め」）。「総裁先生にもつらかった時期があったんだ」と思うと、「自分も頑張れる」と思うし、すごく心強いです。

あと、経典《きょうてん》を読んでいると、学生の頃はサラッと読んでいた一文でも、今読むと、めちゃくちゃ重いことが書いてあることに気づいたりします。

法友との絆《きずな》ができて良かった

僕は、ＨＳＵの一期生であることを、すごく誇《ほこ》りに思っています。信仰心がとても高まりましたし、両親への感謝も強くなった。あと、打たれ強くなった感じもします。宇宙工学の研究室も、大変だったけどすごく楽しかったし、4年間ほんとうに充実していました。先生方にもすごく愛情を込めて育てていただいて、大好きで。「恩師《おんし》」と言えるような人に出会える確率ってなかなか低いと思うんです。

中でも一番は、ＨＳＵでできた法友との絆《きずな》です。研究がうまくいかないときは夜中まで語り合ったり、志を語り合ったりしていましたが、今も連絡を取り合って、励まし合っています。

今、ＨＳＵに進学するか悩んでいる人もいると思います。各人にそれぞれの悩みや背景や考え方があるので、「絶対、ＨＳＵに入ったほうがいいよ」とは言えないのですが、「ＨＳＵは、入って後悔するような学校ではない」っていうのは真実です。特に、未来産業学部について言えば、既存の学問にとらわれず、教授の研究分野に縛られず、自由に新しいことに挑戦できるし、周りに応援してもらえるので、お互い高め合えるし、伸びると思います。

最終的に、HSUを卒業できて、今の会社に入れていただけて、すごく良かったなと思っています。

採用企業からのひとこと

アドバンテック株式会社社長　マイク小池さん

学生時代は、自由闊達《かったつ》な環境の中でグローバル志向の強い教育を受けてきたのだろうと感じます。TOEICスコアも、英語コミュニケーション能力も高く、チャレンジ精神が旺盛《おうせい》です。

入社2週目で展示会の説明員に、2ヶ月目で参加者100名のセミナーの司会進行役にチャレンジしてもらいました。最初は「知識も経験もないのに大丈夫か」と戸惑っていたようですが、一生懸命、最後までやり抜きました。「素直でまじめ」といったところが評判です。

今後は、貪欲《どんよく》にビジネスマンとして自分自身を成長させるために研鑽《けんさん》を積むことが課題だと思います。

貴学の未来産業学部には特に、日本政府が推進する"Society 5.0"を実現する最先端技術を推進するような人材輩出を目指し、テクノロジーに彩《いろど》られた便利で明るい社会をつくることを「楽しい」と感じるような人材を育てていただきたいと期待します。

2. 凡事徹底《ぼんじてってい》の教えが実務に生きた

大野華奈（おおの・はな）　2019年3月、経営成功学部を卒業し、株式会社東京コンサルティングファームに就職。現在はクライアント企業の事業管理部に勤務。

ＨＳＵの経営成功学や人間学は、経営層の方と意思疎通《いしそつう》するための武器

私が就職した東京コンサルティングファームは、「与えたものが得たもの」という理念を掲げています。価値観を大切にしている会社なので、社内研修や朝礼などでも理念的な話が出てくるんですね。またクライアント企業の社長から「人生において何を重視しているのか」と聞かれたりもします。こうした話は、ＨＳＵで「どういう生き方をすべきか」という人間学を大川隆法総裁先生の経典《きょうてん》などを通して学んでいなければ、理解することができなかったと思います。

経営成功学部では、一倉定《さだむ》、松下幸之助、Ｐ・Ｆ・ドラッカーの経営論を学ぶ授業があります。しかも、単なる情報としてではなく、一倉定であれば、「責任は社長一人にある」など経営の方向性を教えていただけたことは、経営層の方と意思疎《いしそ》通《つう》するための武器になっていると感じています。弊社《へいしゃ》ではよく、ドラッカーの話も出てきますが、これも経営成功学部にいたからこそ話についていくことができています。

「正見《しょうけん》」が良き人間関係をつくる

クライアント企業はベンチャー企業なので、経理業務だけではなく、労務周りや総務など、細かい実務もさせていただいています。

総裁先生が卒業式の御法話で「自分の仕事だけではなくほかの人の仕事にも関心を持たなければならない」ということをおっしゃっていたので、「セクション間の仕事の関係性」や「この仕事が自分から離れたら次にどうなるか」ということを考えながら実務をこなすようにしています。社長をはじめ、ほかの方の電話に耳を澄《す》ませたりもしています。

周りは年上の方ばかりですが、楽しくやれていますね。なぜかと考えると、礼儀や挨拶《あいさつ》を欠かさないようにするというのは当然ですが、先入観を持って人を見ないように気をつけていることが大きいと思います。見た目や話し方で「この人はこういう人だ」と思い込んだり、「あの人はこういう人だから」という第三者の話を信じ込んだりすると、ほんとうのその人を見ることができないのだと常々思います。これは、幸福の科学教学で教わった「八正道」の「正見《しょうけん》」という教えが生きています。

「凡事徹底」の実践が、クライアントとの信頼関係に

実務面では、「凡事徹底」の教えが非常に生きていると感じます。「机の上を整理する」「時間を守る」といったことをはじめ、特に気をつけていることは「報告」です。

勤務初日から通帳の管理などの責任の大きな仕事を与えてくださったので、細かいところまで逐一《ちくいち》報告するよう心がけました。はじめは、何をどこまで報告すべきかわからないというのが正直なところだったので、とにかく報告だけは欠かさずにしようと必死でした。１カ月が過ぎた頃に、クライアント企業の社長に呼び出されて次のように言われました。

「君はやらなければいけないことはわかっていると思うから、結論と方向性だけ報告してくれれば進めていい。判断しなければいけないところは、その判断の理由を教えてくれればこちらで判断するから」

報告業務を凡事徹底することで信頼が深まり、自分の仕事の自由性が生まれるのだということが実感できました。

目の前の仕事に喜びを見出《みいだ》す

ほかにも、ＨＳＵで学んだことが生きていると感じることがあります。たとえば、

ＨＳＵでは経営者の方に協力いただいて、会社の中・長期計画を立てるサクセスプロジェクトというカリキュラムがありました。現在、私はクライアント企業のために、中・長期という視点でどのような貢献《こうけん》ができるかということを考えて仕事をさせていただいています。そうすると仕事が楽しくなってくるんです。

経典には「管理職候補の人は多くの部署を経験する」ということが書かれています。これは言い換えれば、管理職になっていくためには様々な仕事の経験が必要だということだと思います。

また、経営成功学部の石見泰介《いわみたいすけ》プロフェッサーからは「仕事の報酬《ほうしゅう》は仕事で返ってくる」と教えていただきました。仕事を金銭的価値に置き換えるのではなく、口コミで評判が広がっていき、「またあの人に仕事を頼もう」と仕事をいただけるということです。

今、様々な仕事をさせていただいていますが、そうした未来を見据える目を教えていただいていたからこそ、目の前の実務にも意義を見出《みいだ》してプラスに転じることができ、仕事が楽しくなってくるのだと思います。こうした教えを知らなければ「なぜ自分がこの仕事をしなければいけないのか」と不満を感じていたかもしれません。

もしＨＳＵに行っていなかったら、「数年経《た》てば出世できる」というような保守的な会社の事務員になり、つまらない人生を生きていたと思います。今のようにチャレンジの中に喜びを見出すことはできていなかったと思います。

自立を促すＨＳＵの教育

大学生の年頃の女子には「友達といたほうが安心」という先入観があるのですが、ＨＳＵでは人に頼るのではなく、わからないながらも、とにかく自分で進めていくという経験を数多くさせていただきました。たとえば、就職活動では自分から外に出て活動し、そこで新しい人間関係をつくっていきました。

また、年上の方とのコミュニケーションを取ることができるようになったと感じます。私はＨＳＵ祭の実行委員会で財務の担当をしていたことがあります。資金繰りを考え、職員の方と打ち合わせをしながら進めることができたのはとても良い経験でした。職員の方に報告をしたりしていた経験は今の仕事にも生きています。

前述したサクセスプロジェクトでも、授業の最後に経営者の方に発表する機会があり、かなりのプレッシャーでしたが、その反面、鍛《きた》えられました。

これらの実践の場が、社会の中で自立して仕事をしていく上でとても力になっていると感じます。

ＨＳＵは心の故郷《ふるさと》

私にとってＨＳＵは、大きな指針を与えてくれる心の故郷《ふるさと》です。世の中はどんどん変化していきますが、ＨＳＵで学んだことはどんなに時間が経っても輝きを失わない宝物です。

また、ＨＳＵのピラミッド型礼拝堂での瞑想は、自分がいかに小さな存在かを知り、謙虚になれると同時に、自分の無限の可能性を感じさせてくれる勇気の源泉でした。

今は、事務処理業務でお給料をいただいている身ですが、未来において社長の相談役になれるようなコンサルタントを目指して頑張っていきたいと思っています。

上司よりひとこと

株式会社東京コンサルティングファーム
代表取締役最高財務責任者〔ＣＦＯ〕　小林祐介さん

大野さんは、7月中旬からクライアント企業に、経理サポートという形で常駐しています。弊社はお客様から定期的にフィードバックをいただくようにしているのですが、大野さんは最高点をいただいており、先日さっそく社内で表彰しました。

「すべての仕事にまじめに笑顔で取り組み好感が持てる」「相手にストレスを感じさせずに配慮するコミュニケーション力がある」といったところに、お客様から「安心しています」というお声をいただいております。

また、笑顔を絶《た》やさず仕事にポジティブに取り組んでいるというところは、私も実感しております。

現在は、実務の経験を積んでいただいていますが、将来的にはクライアント企業の会社全体を変えていけるようなコンサルティング領域の仕事ができるように成長していってほしいと期待しています。

大野さんに限らず、ＨＳＵの卒業生は、人生に対する意味づけを自分なりに持って取り組んでいるということを感じております。社内で自分の意見をアウトプットする機会を設《もう》けていますが、「仕事とは何か」「働くとはどういうことか」ということを表面的に考えるのではなく、深く考えた上で発信しているというところが見受けられます。

世の中はますます変化のスピードが高まってきていますので、私たちの仕事も世の中に合わせて変化が求められる時代です。しかし、なぜこの仕事をするのかという自分の〝軸〟を持った上で、より柔軟《じゅうなん》にしなやかに周りの変化に対応できる人材が世の中のお役に立っていくのではないかと考えています。

これからも仕事に意欲的に取り組み、社会に価値を提供できるすばらしい人材になっていくことを期待しています。

3.「努力の人」を目指す校風が、道を拓いてくれた

山川依伯（やまかわ・よりのり）　2019年3月、経営成功学部を卒業。2019年2月にIT系企業・ヘルメスシステムズに早期入社し、現在、クライアント企業のシステムエンジニアとして働いている。

社会で生き抜く実学を学べた

HSUが英語に力を入れてくださっていたことが、今の職場で効《き》いていると実感しています。現在、クライアントの会社で働かせていただけているのも、TOEICを795点まで取れていたからです。ちょうどお客さまの会社から英語のできるシステムエンジニア人材がほしいという要請があり、英語が決め手となって今の現場で仕事をさせていただけることになりました。

また、ITの仕事に関する専門技術を調べていくと、どうしても英語の文章にぶ

つかります。日本語に翻訳《ほんやく》しているサイトもありますが、非常にわかりづらい日本語で書いてあるので、英語で読んでしまったほうが仕事が進みます。

フェイス・トゥ・フェイスで英語を使うことはあまりないのですが、お客様のクライアントに当たる方々とのやり取りの際に、英語で文章を書かなければいけないシチュエーションはあります。だから、ＨＳＵで英語力を高められたのがとてもありがたかったですね。

ＨＳＵで取った資格としてはほかに簿記《ぼき》３級があります。簿記に関しては教員の方が一人ひとりにすごくていねいに教えてくださっているなと感じていました。簿記講座の授業もあり、とても柔軟《じゅうなん》に対応してくださったのがとてもありがたかったです。ときどき決算書を見る機会がありますが、簿記をやってないと「借り方と貸し方って何?」という感じで仕事にならないので、知識として知っていて良かったと思っています。

ＨＳＵで身についた「学び続ける姿勢」

私は、高校の頃、英語がまったくできませんでした。ＨＳＵに入学した時点でＴＯＥＩＣは４００点～４５０点くらいで、僕のクラスでは一番下のほうでした。そこから「コツコツやるしかない」「人より努力するしか自分には道はない」と思って勉強を続けましたが、そう思えるようになったのは、ＨＳＵ創立者である大川隆法総裁先生の教えがあったからです。

普通、大学生活は「半分くらいは遊び」というイメージが強いと思うのですが、ＨＳＵでは図書館などで勉強している人が多いという印象があります。それは、大川総裁の努力される後ろ姿に学び、大川総裁の教えが根底に流れているから、「努力の人を目指す」という校風が生まれているのだと思います。自分自身、とても良き影響を与えていただいたと思っています。

ＩＴ業界は日進月歩《にっしんげっぽ》で日々進化していく産業なので、勉強し続けないとすぐにおいていかれてしまうという危機感があります。弊社《へいしゃ》でも国家資格を取ることが推奨《すいしょう》されています。電車の通勤時間を利用して勉強を続けているのですが、こうしたところでも「学び続ける姿勢の大切さ」を身に染みて感じています。

上司からはロジカルシンキングの大切さを教えていただいたので、そうした本を自分で買って学んでいくうちにだんだんとできるようになっていきました。また、大川総裁の経典《きょうてん》には、教養が詰まっています。ＨＳＵでこうした教養をつけられたおかげで、今、年の離れた上司と会話するときにも話が合いやすいです。教養は、人間関係力にもつながっていることを感じます。ＩＴのシステムエンジニアもチームで動くので、ＨＳＵでチームワークについて学べたことが役立っています。

実際、入社してからは、「報告・連絡・相談」の基本動作で度々《たびたび》注意されました。経典『凡事徹底《ぼんじてってい》と静寂《せいじゃく》の時間』には「入社1年目は平凡なところから」と説かれています。まだ大きな仕事はさせていただけない今の時期も、こうした前提知識のおかげで「大切な準備期間である」と思えて仕事に身が入ります。そうでなかったら、

「自分はなんでこんな仕事をやっているんだ」という心が出てきていたかもしれません。

「感謝からの報恩」が努力の原動力

高校までは周りの人に支えられていたことにあまり気づけていなくて、独りよがりなところがあり、人に対する気づかいなどができない部分が多くありました。

感謝の思いを持てるきっかけとなったできごとがありました。ＨＳＵに入学して少しした頃、学校に行けない時期が約２カ月続いたのです。父親は、「明るく積極的な考え方を持とう。必ず乗り越えられるよ」と何回も励ましてくれましたし、教員の方々もとても気にかけてくださいました。経営成功学部の原田尚彦プロフェッサーはよく電話をかけてきてくださり、渡邉和哉理事長（当時ＨＳＵチェアマン）が私の自宅まで様子を見にきてくださいました。「ほんとうに心配してくださっているんだ」「周りの方々の無償の愛に支えられていた」と愛を感じました。

復帰するときも不安でした。しかし、１期生のみんなはすごくあたたかく迎えてくれたので、不安はなくなりました。

その後、経典を勉強をするようになると、心が落ち着くようになりました。私の場合は高校までは一般の学校で過ごしていたので、ＨＳＵで、「総裁先生が経典でこういう教えを説かれているけども、これはどういうことなのか」ということを法友と話し合えることが自分にとっては喜びになりました。

この頃、「これだけ支えられたのだから、ほんとうに努力しよう」と、心から誓ったことが、努力の原動力になりました。

そして、自分の心を見つめることが多くなると、自分がしたことに対して考えを深め、次はこうしようという形で「反省からの発展」になることが増えました。これは勉強だけの話ではなくて、人生全般の学びということも含まれます。たとえば私には物言いがきつかった部分があったのですが、そのあたりを反省して相手に配慮のある言い方をしようと心がけるようになりました。

そうして学び合った法友たちとのネットワークは今でもつながっています。ヘルメスシステムズのＨＳＵ出身者は、月に1回、東京正心館などで集まって仕事のことやお互いの近況を話したりして支え合っています。法友には感謝しかありません。これがＨＳＵの強みでもあると思います。

ＨＳＵで育んだ志が、今の自分を輝かせている

ＨＳＵは、「志」を大事にしている学校です。志を持っているのといないのとでは、生き方がまったく変わってくると思います。「なんのために自分が勉強しているのか」「なんのために努力しているのか」というところがあるのとないのとでは、努力の質も量も変わってくると思います。ＨＳＵでは、自分の志を話す機会が数多くありますが、「絶対無理だよ」と人の志を否定する人は誰もいないし、むしろどうしたらできるかということを一緒に考えてくれる方々が周りにいてくれました。それは成長する上ですごく大事だと思いますし、社会人になってもなくしてはいけ

ないと思っています。

私の今の志は、ＩＴを通して光を広めていくことです。雑多な情報を取り扱うのではなく、商品やサービスを提供することによってお客様の魂が輝くような仕事をしていきたいと思っています。

自分は何がしたいのかという「志」を見失わなければ、努力というものは続けていけるものだと信じています。

在校生の方々も、これから道なき道を歩んでいくことになると思いますが、総裁先生が説かれた教えが「道を切り拓く力」になっていると感じます。失敗を成功の種子に転化していく常勝思考的な考え方や、努力し続ける姿勢は、社会に出ても信仰の有無にかかわらず評価していただけます。ＨＳＵは「道を切り拓いていくための力」を与えてくださっていると思うので、自信を持って社会に出て行ってほしいと思います。

上司よりひとこと

株式会社ヘルメスシステムズ代表取締役　花井正史

山川さんは、仕事に取り組む姿勢が優れていると思います。学校を出ても、あるいは資格を取っても勉強し続けるという向学心を持っている点も評価できます。勉強を重ねつつも、その知識をひけらかすことなく、謙虚に相手の言葉を聞きながら、「今、自分に何ができるか」「もう一段良い仕事をするにはどうしたらよいか」ということを考えながら仕事をしていることが伝わってきます。だから飲み込みが早く、理解力がある。また、コミュニケーション能力もあります。わからないことをそのままにせず、相手の立場に立ちながらよく考えて、聞くところはしっかりと聞いてきます。

お客様からも圧倒的な評価をいただいています。そのお客様のところには英語のサポートで派遣《はけん》し、仕事が終わったら本社に帰ってきてもらおうと思っていたのですが、お客様のほうから「ずっとここにいてほしい」という依頼がきました。これは山川さんの人徳《じんとく》だと思います。

山川さんだけではなく、ほかのＨＳＵ出身の方にも、同じようなお声をいただくことが多いです。よく気が利《き》き、言葉が優しい。ストレスやプレッシャーがかかると誰しも言葉がとげとげしくなるものですが、ＨＳＵ出身者は心が安定していて、優しい言葉で対応できます。彼らの持っている人格や向学心、純粋な瞳がお客様の心を打っているのだと感じます。

山川さん含め、ＨＳＵの卒業生にこれから期待することとしては、一つはＩＴ技術を高めてほしいということです。新しい発想で新しいサービスを発明することを期待しています。もう一つは管理職を目指して精進《しょうじん》してほしいということです。ＨＳＵでは大川総裁の「経営の法」が心の中に種として蒔《ま》かれていると思いますので、それを育てていただきたい。今後の精進に期待しています。

4.「人格をつくる」教えこそ、真の教育だと実感

赤羽千聡（あかばね・ちさと）　人間幸福学部 国際コースを2019年3月に卒業し、幸福の科学に奉職。8月より横浜みなとみらい支部 兼 東神奈川本部（次世代開拓担当）。

なんのために仕事をするのか

私は今、幸福の科学の横浜みなとみらい支部で聖務《せいむ》をさせていただいています。支部には信者の皆さまが大勢こられるので、いろいろな方の人生経験を学ばせていただけて、毎日が発見に満ちています。

支部ではおもに、作務《さむ》や朝のお祈りの導師、御法話拝聴会や祈願祭の運営などをさせていただいています。また、横浜みなとみらい支部に配属される前、選挙期間中は最寄《もよ》りの駅で「幸福実現ＮＥＷＳ」の号外を配ったり、街頭演説をしたりしま

した。

学生の頃とまったく違うと感じるのは、やはり、責任が伴《ともな》うところです。たとえば、選挙活動自体は学生時代にも参加させていただいていましたが、出家者となると、「成果」に対する「責任」が生じます。新人であってもやはりそうで、ここが学生時代と一番違うと感じました。

こうした活動の中で、すごく生きているなと感じるのは、「なんのために仕事をするのか」ということをＨＳＵでしっかり学ばせていただけたことです。

自分の利益や幸福のためではなく、信者さんやほかの人々、世の中のお役に立つ仕事を積み重ねていく。社会に出てみて、「ＨＳＵで教わったことは、ほんとうに大事だな」と肌身で感じさせていただいています。

教団史を学んだことで生まれる「感謝」と「謙虚さ」

また、ＨＳＵの授業で学んだ「教団史」も聖務にすごく関わってきます。

幸福の科学が立宗して30年以上経《た》ちますが、信者の皆さまの中には、当会の初期から幸福の科学を支え続けてくださっている方々が数多くいらっしゃいます。信者の皆さまが支え続けてくださっているから今の幸福の科学があると思うと、心の奥底から感謝が湧《わ》いてきます。「後輩である私たちも謙虚に先輩の皆さま方に続いていきたい」と思えるのは、教団史を学んでいたからこそだと実感しています。

何事にもチャレンジする

はじめての聖務ばかりなので、正直、不安なこともあります。でも、一つ決めているのが、「絶対、NOとは言わない」ということです。特に、横浜みなとみらい支部の支部長は、いろいろな経験をさせてくださる方ですので、「目の前に現れてくるものには、なんでも挑戦しよう」と決めています。それがやがて、自己信頼に変わっていくと思うのです。

信者の皆さまは、ご自分のお仕事やご家庭のこともありながら、支部にきて、幸福の科学のことも考えてくださっています。それを思うと、24時間３６５日を主のために過ごさせていただける出家者は、信者の皆さまの良き「お手本」にならなければいけないなと感じています。

大川総裁は、ＨＳＵの卒業式で「果実を見なければ、その木がよい木かどうかはわからない」（法話「道なき道を歩め」）とおっしゃいました。私自身、ＨＳＵの教育の成果を見ていただけるよう、精進《しょうじん》してまいりたいと思っています。

幸福の科学の教えは「人格をつくる教え」

高校時代は栄養士を夢見ていたので、ＨＳＵに行こうとは思っていませんでした。幸福の科学の仏法真理塾サクセス№.1に通っていたのですが、その頃のＨＳＵはまだ校舎も建っていなければ、パンフレットもありません。にもかかわらず、周りの法友たちのほとんどが、「幸福の科学大学に行きたい！」と言っていることに衝撃を受けました。

そこで、「今回の人生でしかできないことはなんだろう」と考えていくと、人生を通じて栄養士の仕事を続けていくイメージがあまり湧かないことに気づきました。「栄養士はたぶん来世《らいせ》でもできる。神々の主エル・カンターレの教えが説かれている奇跡の時代をいかに生きるべきか」と真剣に考えたときに、「ＨＳＵに入学しなければ、死んでから後悔するだろう」という結論に至りました。

その頃は、正直に言うと仏法真理を学ぶ時間をそこまで取れず、心が揺れやすいところがありました。ですが、ＨＳＵに入学してから4年間、幸福の科学教学を体系的に学ばせていただいて、「真理への確信」が深まったと感じています。「この教えが人類の希望なんだ」と確信を持って言えるようになりました。

私はＨＳＵで学んで、何より人格を育てていただいたという実感があります。

大川総裁の説かれる教えは「人格をつくる教え」であり、真の教育そのものだと思います。この真の教育を手本として日本・世界に広げていくべきだと思っています。

上司よりひとこと

幸福の科学　横浜みなとみらい支部　支部長　加藤恵三さん

信者の皆さんからは、「光り輝いている人がきたね」と評判です。年上の信者さんとお話しする際も敬語がしっかりしているし、人の話を聴くのが上手なのか、皆さんとても話しやすそうです。

安定していつも穏やかで、感情のコントロールがしっかりできています。キャパオーバーになってもおかしくない仕事量であっても、パニックになることもないですし、上司としては、変に気を使い過ぎる必要もなく、ストレスがまったくないですね（笑）。

すでに人間幸福学部で修行を積んできている雰囲気《ふんいき》を感じます。宗教修行に裏打ちされた能力があるので、即戦力ですよ。知らないことだらけの中、ミスをしても、すぐに「失礼しました」と丁寧に謝り、次にきちっとフォローする。新しい仕事をお願いしても、拒否感なくさわやかに努力していく姿勢がすばらしいです。

教学や導師などの宗教的な聖務もＨＳＵでしっかり習ってきたのでしょう。いちいちレクチャーしなくても、きちんとできているし、ワードやエクセル、「報告・連絡・相談」などの実務面も着実に行ってくれています。まじめに一つひとつ取り組んでくれているので、今後は私自身、もっともっと外に出て伝道活動に専念できそうだなと期待しています。

正直、ＨＳＵの教育効果は期待以上にすごかったです。今後は、さらに業務知識を覚えて経験を積み、支部長としてのマインドやリーダーシップを磨いていけば言うことはないと思います。

赤羽さんをはじめ、ＨＳＵの卒業生が数多く輩出されたのを見て、「今まで私たちがやっていたことは間違いじゃなかったんだ。未来は明るい！」という感じで、支部の皆さんも、私も元気をもらっています。

5. 自分の中にあるほんとうの「志」に出会えた

池田悠登（いけだ・ゆうと）　未来産業学部を２０１９年３月に卒業し、幸福の科学に奉職。２０１９年８月より越前支部 兼 北陸本部（次世代開拓担当）。

社会人になるための心の準備をさせていただけた

僕が聖務《せいむ》に携《たずさ》わらせてもらっている幸福の科学・越前支部は、地域の方に仏法真理を弘めるための光の灯台です。朝は1時間お祈りして、作務《さむ》をして、それから日々の聖務に入ります。まだ着任して3週間なのでそんなにお役に立ててはいないのですが、経典《きょうてん》や「黒帯英語シリーズ」を紹介するポップをつくったり、行事の準備をしたり、近隣《きんりん》のお宅を訪ねてまわったりと、いろいろなお仕事をさせていただいています。上司に当たる玉村恵美子支部長はポジティブで、パワフルで、いつも笑顔の方です。

出家させていただいて感じたのは、ＨＳＵでは、社会人になるための心の準備をさせていただけていたということです。「大学での成績が優秀だからといって社会に出たらそのまま通用するわけではなく、1年目はコピー取りなどから始まる」ということも教わっていたので、変に慢心《まんしん》したりせずにスムーズに社会人生活に入れたと思います。これは、あらかじめ学ばせていただけてありがたかったですね。

やはり「知は力なり」ですので、ＨＳＵにいたときに、もっと積極的に知識を自分のものにしようと本気で学んでおけば良かったと今さらながら思います。

志を立てることと努力の大切さに気づけた

正直、「ＨＳＵで学んだことに、無駄なことは一つもなかったな」って思います。大きかったのは、1年次の授業「創立者の精神を学ぶ」で、Think Big の大切さを教えてもらったことです。それまでは、「今の自分の実力がこうだから、自分にできるのはこのくらいかな」っていう感じで〝夢〟について考えていたところがあったんです。けれども、大きな夢を描けば、それに到達しないこともちろんあるとはいえ、描いた以上にはなれないし、小さな夢しか描かなかったらそれ以下で終わってしまう。だから、「志を立てて、大きな夢を描こう！」と思うようになりました。

同じく1年次の「キャリアデザイン」という授業では、ポートフォリオをつくりました。そこに「大目標」「中目標」「小目標」を書き、将来やりたいこと、卒業までにやりたいこと、今年中にやりたいことなどを明確にしたんです。

たとえば、「1年次の間にＴＯＥＩＣで730点を取る」という目標を立てて努力したところ、1年次には無理でしたが、3年のはじめ頃に達成できました。夢から逆算して、今すべきことを細かくしていくことで、実現していくんだと教えていただきました。

また、ＨＳＵにくるまでは、「頭のいい人には勝てない」と思っていたところがあったんです。でも、それは努力の差なのだと気づくことができました。「歴史上の偉人たちは、何があっても夢に情熱を注ぎ続けて生きたから実現できた」ということも授業で教えていただいて、「努力が人をつくるのであれば、自分も努力を続けていこう」とはじめて思えました。

今、「もしHSUに行っていなかったら」と考えると、ほんとうに恐ろしいんですけど、おそらく大学生活は遊んで終わりだったと思います。高校時代は正直、「大学に行って遊びたいから」と受験勉強をしていたところがありましたし、「いい大学に行って遊んで、いい就職をして成功しよう」という感じだったのです。

しかし、HSUに進学し、今世の使命を考えたときに、「自分のためだけの夢を叶えることに、はたして意味はあるのか」と感じ始めました。夢は、「自分のため」ではなく、「主の理想実現のため、多くの人々の幸福のため」でなければ成し遂げる意味はないのではないか。そのために最大限、自分ができることをさせていただきたい――そういう考え方へ、徐々に変わっていきました。

僕は、入学するまで1冊も経典を読んでいなかったのですが、HSUにきてから「こんなにすばらしい教えだったんだ！」と感動をもって気づくことができ、毎日がほんとうに学びの連続でした。

法友たちと共に信仰生活を磨く

「朝の祈り」と「夕べの祈り」、反省の時間も設《もう》けられているので、とても信仰生活を習慣化しやすい環境だったと思います。1年目は長生キャンパスで寮生活なので、人間関係が密です。そんな中、周りの法友が頑張っているので、お互い感化し合えます。ほかの大学に通っていた友人からは、「挨拶《あいさつ》するだけの友達が多いよ」と聞いていたので、ここまで心から話せる法友たちがいてくれる環境というのはほんとうにありがたかったなと思います。

こうした法友との絆《きずな》、信仰生活、努力を継続する習慣といったものは出家させていただいた今、すべて、聖務のベースになっていると思います。

リーダーの気持ちを学べた学生部活動

学生部活動で北陸地区のリーダーをさせていただいたことも、とても成長させていただける機会でした。ここで学べたことの一つは、「リーダーは率先垂範《そっせんすいはん》が大切だ」ということです。もともとあまり積極的なタイプではなかったのですが、「リーダーがやらないと示しがつかない」と思い、まず自分から、戸別《こべつ》訪問や布教誌のスプレッドをするようになりました。

また、「協力してほしいけれどなかなか協力してもらえない」という状況の中で、「自分一人でもやり切ろう」と腹を決めたときに、協力者が次々と集まってくるという経験も、何度かさせていただきました。

こうした中で磨かれたのは、「リーダーは、名誉心や自分の評判のためという思いをどこまで捨て去り、どれだけ１００％純粋にほかの人々のためになれるか」ということです。その時点ではわかってもらえないことでも、ほんとうに相手のためを思ってしたことに対しては、あとになって感謝してくれる人もいました。「純粋な愛の思い、愛の行為は、いつか必ず伝わるんだ」ということを実感させていただきました。

「自由に研究したい」熱意のある人は、ぜひＨＳＵ未来産業学部へ

僕は未来産業学部だったのですが、ＨＳＵでは、ほんとうに自由に研究などをさせていただけます。たとえば、理系の学会発表は通常、大学4年生か大学院生になってからしかできませんが、ＨＳＵでは1年生のうちにさせていただけたり、海外の学会発表を聞きに行ったりする機会などもあります。同期では、海外で学会発表をした人もいました。

また、普通の大学では、教授の部屋に入ってその教授の研究を引き継《つ》ぐことが多いと思いますが、ＨＳＵでは熱意と努力する姿勢さえあればどこまでも自分のやりたいことを突き詰めていけます。さらには、「未来科学の研究」は現状、ＨＳＵし

かできないと思います。

ＨＳＵは唯一、神が創られた学校です。信仰や霊的人生観の上に、学問が築かれようとしています。

ほかの大学では学問の中に唯物的なものが流れているところがあり、試験でも「信仰を持っていても、唯物論で答えを書かないと点数がもらえない」ということを他大学に行っていた友人が話していました。だから、霊的人生観のもとに学問をつくろうとしているＨＳＵで学べるのは幸福ですし、そのＨＳＵをつくっていくのは、これから入学してくる方々の役割だと思います。

上司よりひとこと

幸福の科学　越前支部　支部長　玉村恵美子さん

池田さんは、さわやかな方ですよ。明るく、人懐《ひとなつ》っこいし、誰とでも仲良くなれてすばらしいですね。皆さんに愛されるキャラで、信者の皆さんがすごく喜ばれています。すでに支部になじんでいて、ずっと前からいる方のよう。普通は、入ったばかりでなかなかそうはなりません。

池田さんがきてくださってから、若い人が支部にくるようになりましたし、近所の子供たちが支部の周りで遊ぶようになりました。

教学をきちんとされている感じがしますし、お祈りの導師をするにしても、奏上文《そうじょうぶん》を読み上げるにしても一から教育しなくてもしっかりされています。

これから、地域の人とも仲良くなってもらって、気楽に支部にこられる雰囲気をつくっていけたらと思っています。また、新しい方をはじめいろいろな方がこられるようになって、いつもにぎわった支部にできたらなと期待しています。

6.「未来科学のあるべき姿」を教わることができる

中村聡希（なかむら・としき）　2019年3月、未来産業学部卒。大学院修士課程に相当するアドバンスト・コースに進学。現在、HSU人工衛星プロジェクトのリーダーの一人として研究を進めている。

尊敬できる教員から叩き込まれた「真の研究者の姿勢」

私はもともと宇宙産業への憧《あこが》れはありましたが、最初から今のように積極的に研究を進めていたわけではありません。きっかけを与えてくださったのは佐鳥新《さとりしん》プロフェッサーでした。

私が1年生のとき、「宇宙工学研究会」というサークルを立ち上げてくださり、夏休みには1週間の合宿を行って宇宙産業について語ってくださったこともあります。2年生になって佐鳥プロフェッサーが私のことを研究室に引っ張ってくださって、以降、今の研究をすることができています。

佐鳥プロフェッサーに教えてもらったことで一番大きかったのが「真の研究者の姿勢」を学ばせていただいたということです。ほかの人から頼まれた仕事を受け身でこなすのではなく、自分で目標を設定し、その目標に向かってどのように進んでいくかを構築していく力がついてきたと感じています。そういう自立した姿勢で努力していくからこそ、インスピレーションも降りてくるのだと思います。

実験に失敗した夜中に、佐鳥プロフェッサーに叱られながら話を聞かせていただいたことはいい思い出ですね。また、３年生のときには学校を少し休んでしまった時期があったのですが、そうしたときは見捨てないで待っていてくださいました。大川隆法総裁先生の経典《きょうてん》で説かれている「あるべき指導者像」を体現してくださっていると感じました。

ＨＳＵは学生と教員が共に協同してつくっていくということを掲げています。また、ＨＳＵでは志ある学生に機会を与えてくださいます。普通の大学であれば学部

1年生のときから研究に取り組めることなんて滅多《めった》にないですよね。どんどんチャンスを与えていただけるという文化はとても良いことだと思いますし、研究者としてはこれ以上の環境はないと思います。

積極的思考に磨きをかける

研究というのは、凡事徹底《ぼんじてってい》でたんたんと続けていく地味なものです。しかも失敗するのは当たり前です。普通にしていると、どんどんネガティブな思考になっていってしまいます。

しかし、ＨＳＵではそうはなりません。なぜかというと、「失敗しても、それは失敗ではなく、成功しない方法を見つけただけだ。失敗から成功へのヒントを見つけ出せば、道は無限である」という常勝思考の考え方があるからです。だから、何度実験で失敗しても、立ち上がってまた研究を続けていくことができています。ネガティブになってしまっても、その都度《つど》この教えに立ち返り、「どうやったらできるのか」を考え続けます。この過程で積極的思考が磨かれていると感じています。

学会発表や英語の授業で「発信力」を鍛《きた》えられた

ＨＳＵにきた当初は、人前に立って何かを主張するということが苦手でした。「それは俺の仕事じゃない」と明確に思っていた人間ですから、はじめての学会発表は、プレッシャーで気持ち悪くて吐きそうになるくらいでした。しかし、場数《ばかず》を踏むごとに良くも悪くも慣れてきて、「話したい内容を話せばいいんだ」と開き直って話せるようになり、その後、学会発表をずっと重ねています。

国際学会で、英語でプレゼンする機会もありました。ガチガチに原稿を準備して何回もリハーサルを行いました。

これらの経験で一番大きかったのは、発表に対する「精神面での壁」がなくなっていったということです。この壁を取り払えたのは、場数を踏むのと同時に、松本摩耶《まや》アソシエイト・プロフェッサーの黒帯英語の授業や、ネイティブ教員による英語ディベートの授業のおかげです。

HSUは夢を純粋に追いかけられる場所

私は現在、未来産業学部の人工衛星プロジェクトの中心メンバーの一人として、人工衛星一号機を打ち上げるための準備を進めています。やはりこれからの産業の未来は「宇宙」にあると思います。HSUでは10年後を目途《めど》に宇宙ビジネスを立ち上げる計画があります。

正直に言うと、ここまで夢や理想をストレートに追いかけていいと思えたのはHSUにきたからだと思っています。

HSUに入学してから、正直悩むこともありました。特にはじめは何をすればよいかわからず、プレッシャーを感じていたのです。その中で私の迷いを振り払ってくださったのが大川隆法総裁先生の示してくださった「科学の未来のあるべき姿」です。物理や数学、工学といった科目であればほかの大学でも学ぶことはできますが、こうした理想は幸福の科学でしか学ぶことができないものだと思います。ほかの大学に行っていたら現実の枠の中だけでどうやっていくかを考えて行き詰まっていたと思います。

ＨＳＵで夢と理想を与えていただき、多くの方々に期待をかけていただいているので、ＨＳＵ生には、この夢をとことん追いかけ、実現していく役目があると思っています。

それも、ただの一学生ではなく、新文明創造の担い手の一人としての自覚が必要だと感じています。

共にこの人工衛星プロジェクトを成功させるために貢献《こうけん》したい方を募集しておりますので、同じ志をお持ちの方はぜひ、一緒に未来をつくっていきましょう。

あとがき

幸福の科学大学は、５年前の２０１４年に「人間幸福学部」「経営成功学部」「未来産業学部」の３学部で申請をしましたが、残念ながら「不認可」となりました。正義感と独立不羈《ふき》の精神を持つ人財を育てるために、私たちが宗教的な教育をすることについて、十分に理解していただくことができませんでした。しかし、信念に従い実際に４年以上にわたって宗教教育を実践してみた結果、人間力を伸ばすという意味でも、英語力や知力や技術を高めるという意味でも、大きな手ごたえがあったと実感しています。

今回は、「未来創造学部」と、大学院修士課程の「未来産業学研究科」も併せて設置申請を行います。４学部１研究科の同時申請は、大学設置申請では前代未聞《ぜんだいみもん》と言っていいチャレンジとなりますが、すでにＨＳＵとしての研究・教育実績も積み上がっていますので、５年前と比べて状況は大きく変わっていると思います。
本書をお読みいただければわかるように、ＨＳＵには本当にすばらしい学生が集まっています。「平均以下の人は平均以上に、平均の人は秀才に、秀才は天才に、天才は偉人に変える」という創立者の大川隆法総裁先生のお言葉にあるように、私たちは、学生一人ひとりの個性に寄り添いながら、それぞれの魂を光り輝かせる教育を目指しています。そして、未来文明を創造するための学問を研究し、世のため人のためになる人財を育てようとしています。私たちの志が、日本や世界の未来に役立つものだということを、本書を通してご理解いただければ幸いです。

２０１９年９月20日

未来産業学部ディーン（幸福の科学大学学長就任予定）　福井幸男

監修＝渡邉 和哉（わたなべ・かずや）
1957年東京都出身。東京都立大学経済学部卒業。1981年、野村證券投資信託販売株式会社（現・三菱UFJモルガン・スタンレー証券株式会社）に入社。法人営業部で上場企業等を担当し、1994年に幸福の科学に奉職。事務局長、活動推進局長、東京指導研修局長、精舎活動推進局長、財務局長、理事長、精舎館長等を歴任。現在、幸福の科学学園理事長。著書に『志の経営』（ＨＳＵ出版会、10月発刊）、編著書に『ＨＳＵテキスト15 経営成功総論Ⅱ（上）』『ＨＳＵテキスト16 経営成功総論Ⅱ（下）』（共編著、HSU出版会）がある。

監修＝福井 幸男（ふくい・ゆきお）
1950年生まれ。福岡県出身。1985年東京大学大学院工学系研究科機会工学専門課程（博士課程）修了。博士（工学）。大手総合電機メーカーや通商産業省工業技術院製品科学研究所研究員、同省生命工学工業技術研究所主任研究官を経て、1998年から筑波大学教授電子・情報工学系、同大学大学院システム情報工学研究科コンピュータサイエンス専攻教授、同大学システム情報系教授を歴任。2014年、筑波大学名誉教授となる。現在、ＨＳＵ未来産業学部ディーン。幸福の科学大学学長就任予定。著書に『「未知」への挑戦』（幸福の科学出版）がある。

ＨＳＵ―― その限りなき可能性

2019年9月28日　初版第1刷

監修　渡邉和哉・福井幸男

編者　HSU出版会

発行　HSU出版会
〒299-4325 千葉県長生郡長生村一松丙 4427-1
TEL（0475）32-7807

発売　幸福の科学出版株式会社
〒107-0052　東京都港区赤坂2丁目10番14号
TEL（03）5573-7700　https://www.irhpress.co.jp/

印刷・製本　株式会社 研文社

落丁・乱丁本はおとりかえいたします

ISBN：978-4-8233-0123-0　C0037
カバー写真：vs-arts / Shutterstock.com

大川隆法ベストセラーズ・HSUの目指すもの

「人間幸福学」とは何か

人類の幸福を探究する新学問

「人間の幸福」という観点から、あらゆる学問を再検証し、再構築する──。数千年の未来に向けて開かれていく学問の源流がここにある。

1,500円

「経営成功学」とは何か

百戦百勝の新しい経営学

経営者を育てない日本の経営学!? アメリカをダメにしたMBA──!? 幸福の科学大学の「経営成功学」に託された経営哲学のニュー・フロンティアとは。

1,500円

「未来産業学」とは何か

未来文明の源流を創造する

新しい産業への挑戦──「ありえない」を、「ありうる」に変える! 未来文明の源流となる分野を研究し、人類の進化とユートピア建設を目指す。

1,500円

「未来創造学」入門

未来国家を構築する
新しい法学・政治学

政治とは、創造性・可能性の芸術である。どのような政治が行われたら、国民が幸福になるのか。政治・法律・税制のあり方を問い直す。

1,500円

幸福の科学出版

「HSUテキスト」シリーズ

HSUの教学科目用テキストを全国の書店、ネット書店などでも販売しています。

HSUテキスト6
未来産業教学概論
（近藤海城編著）

HSUテキスト7
未来創造学入門Ⅰ（上）
（泉聡彦編著）

HSUテキスト8
基礎教学B
（今井二朗／金子一之編著）

HSUテキスト9
幸福の科学成功論
（石見泰介編著）

HSUテキスト10
教学の深め方
（樅山英俊編著）

HSUテキスト1
創立者の精神を学ぶⅠ
（金子一之編著）

HSUテキスト2
創立者の精神を学ぶⅡ
（金子一之編著）

HSUテキスト3
経営成功学入門
（原田尚彦・石見泰介編著）

HSUテキスト4
基礎教学A
（金谷昭／今井二朗
／金子一之編著）

HSUテキスト5
幸福学概論
（黒川白雲編著）

※いずれもＨＳＵ出版会刊。1,500円（税別）。★は4,500円（税別）。

HSUテキスト16
経営成功総論Ⅱ(下)
(渡邉和哉監修・編著
／村上俊樹編著) ★

HSUテキスト17
一倉定の経営論
(村上俊樹著)

HSUテキスト18
幸福の科学仏教論
(金谷昭編著)

HSUテキスト19
幸福の科学的霊界観
(今井二朗編著)

HSUテキスト20
松下幸之助の経営論
(石見泰介編著)

HSUテキスト21
ピーター・ドラッカーの
経営論
(原田尚彦編著)

HSUテキスト11
経営成功総論Ⅰ(上)
(九鬼一監修・編著
／村上俊樹編著) ★

HSUテキスト12
未来創造学入門Ⅱ
(泉聡彦／中田昭利／松本弘司
／小田正鏡／愛染美星編著)

HSUテキスト13
経営成功総論Ⅰ(下)
(九鬼一監修・編著
／村上俊樹編著) ★

HSUテキスト14
応用教学A
(松本智治編著)

HSUテキスト15
経営成功総論Ⅱ(上)
(渡邉和哉監修・編著
／村上俊樹編著) ★

学部のご案内

人間幸福学部

人間学を学び、新時代を切り拓くリーダーとなる

人間の本質と真実の幸福について深く探究し、
高い語学力や国際教養を身につけ、人類の幸福に貢献する
新時代のリーダーを目指します。

※2019年4月より国際人養成短期課程を新設しています。（2年制）

経営成功学部

企業や国家の繁栄を実現する、起業家精神あふれる人材となる

企業と社会を繁栄に導くビジネスリーダー・真理経営者や、
国家と世界の発展に貢献する
起業家精神あふれる人材を輩出します。

未来産業学部

新文明の源流を創造するチャレンジャーとなる

未来産業の基礎となる理系科目を幅広く修得し、
新たな産業を起こす創造力と起業家精神を磨き、
未来文明の源流を開拓します。

※2年制の短期特進課程も並設しています。

未来創造学部

時代を変え、未来を創る主役となる

政治家やジャーナリスト、ライター、俳優・タレントなどのスター、
映画監督・脚本家などのクリエーターを目指し、国家や世界の発展、
幸福化に貢献できるマクロ的影響力を持った徳ある人材を育てます。

※キャンパスは東京都江東区（東西線東陽町駅近く）の「HSU未来創造・東京キャンパス」がメインとなります（4年制の1年次は千葉です）。
※2年制の短期特進課程も並設しています。

出会えたひと、すべてが宝物。
限りある人生を、あなたはどう生きますか？
世代を超えた心のふれあいから、「生きるって何？」を描きだす。
ドキュメンタリー映画
光り合う生命《いのち》。
―心に寄り添う。2―
企画／大川隆法
メインテーマ「光り合う生命。」 挿入歌「青春の輝き」 作詞・作曲／大川隆法
出演／希島 凛 渡辺優凛 監督／奥津貴之 音楽／水澤有一 製作／ARI Production 配給／東京テアトル ©2019 ARI Production
全国の幸福の科学支部・精舎で公開中！
31043-A